# 1駅1題
# TOEIC® L&R TEST
# 文法特急

朝日新聞出版

編集協力 ——— Randy Grace
　　　　　　 David Dalgleish
　　　　　　 渡邊真理子
　　　　　　 HUMMER

録音協力 ——— 英語教育協議会（ELEC）
　　　　　　 東健一
　　　　　　 花田塾
　　　　　　 株式会社 Globee
　　　　　　 Howard Colefield ▆
　　　　　　 Emma Howard ▨
　　　　　　 Nadia McKechnie ▨

# はじめに

いきなりですが、皆さんに質問です。
Part 5 や Part 6 を解く際、どこを最初にご覧になっていますか？
たぶん多くの方は、こうお答えになるでしょう。

**「そりゃ、先ずは文章があるんだからそれを読んでからでしょ？」**

なるほど。ではもう 1 つだけ伺います。
いつも制限時間内にリーディングを全問解けていますか？

**「う〜ん、何問か解き残してしまうことが多いですね」**

これは私が TOEIC 講師になってから、生徒さんと何度も交わ
してきた典型的なやりとりです。
私の感想を素直に申し上げますと

「実にもったいない。ただし、**今から一番伸びるのはアナタです！**」

TOEIC は正確に解けるだけでは不十分で、**スピード処理能力**も
問われています。**仕事の質**と同じくらい、**仕事量**も重要なわけです。
そう、皆さんの業務においても同じことがいえますよね？
そして、実はスピードを上げるにはノウハウがあるのです。

Part 5 と Part 6 には精読すべきものとそうでないものと 2 種類
あります。ですから、**効率を重んじながらメリハリをつけて仕事
をさばいていく**こと。それを強く認識できれば、You can be a
winner!! きっとうまくいきます！

学習スタンスとして重要なことは、**ランダムにやらず戦略的に弱点を補強する**ことです。

我々は異なる学習環境で育ってきたわけですから、人によって得手・不得手があります。

TOEICは出題されるカテゴリーがある程度決まっていて、**パターン分類**が可能です（12ページご参照）。

本書の問題を解きながら不得意な分野を把握し、そこから優先的に着手していきましょう。

### 本書のウリ

| | | |
|---|---|---|
| 🚌 **手軽！** | | 一問一答式なので多忙な現代人でも移動しながら着実にステップアップができる |
| 🚌 **信頼性の高さ！** | | 毎回TOEICを受験しているプロの990点講師が全問題を作成・解説 |
| 🚌 **効率的！** | | こんなにコンパクトなのにPart 5とPart 6に必要な文法事項を網羅 |
| 🚌 **使いやすい！** | | 優先順位の高い順に難易度別で掲載されているのでレベルに合った学習が可能 |
| 🚌 **体系的！** | | 正解以外の選択肢や周辺情報にも言及しているので、体系的な知識が身に付く |
| 🚌 **記憶に残る！** | | 学習者の思考プロセスに合わせてヒントや解説が提示されているから忘れない |

正直申し上げて、巷にあふれている問題集のように「当り障りのない解説」や「正解のみの説明」を書くのは著者として非常に楽なことです。ややこしいことや説明が難しい部分は端折ってしまえばよいだけですから。

でも、私は「どうすれば正解にたどりつけるのか」「なぜ間違えるのか」「残りの選択肢はどのように使うのが本来正しいのか」を考えることに学習の醍醐味があると考えます。実際 TOEIC においても、正解となっている文法事項や表現自体はさほど難解ではありません。むしろ残りの選択肢や文中に埋め込まれた巧妙なトリックによって、答えを1つに絞りあぐねてしまう場面が多々あります。

ですから、私は普段から生徒さんと向き合っている時の責任感と講師としてのプライドを持って、**ややこしいことや難しいことから逃げません**。逆に、無駄な部分まで解説を広げたり、不必要なまでに難解な文法用語を盛り込んだりして**学習者を迷宮に誘い込むようなこともしません**。
本当の意味で皆さんにお役立ていただけるような「**受験者の目線に立った、日本一わかりやすい解説**」を心掛けながら本書を執筆いたしました。

この本は表紙やタイトルにもあるとおり、お忙しい皆さんを特急電車に乗せて、いち早く着実にゴールへお連れするような存在です。そして、コンパクトなポータブルサイズになっておりますので、皆さんのご移動中に「旅のお供」としてご持参いただければ、**次の駅に着くまでのたった数分間で多くのことが学べるということをお約束します**。

本書を手にしていただいたのもきっと何かのご縁ですから、ぜひ一緒に旅へ出掛けてみませんか？

2021年3月
花田塾代表
花田 徹也

# もくじ

♪ 本書のすべての問題は、空欄に正解を入れた形で、米国と英国のプロのナレーターがそれぞれ朗読しています。復習の際に、ぜひご活用ください。

また、花田先生が本書の解説を朗読した音声も無料でお聴きいただけます。通勤通学の電車内などの限られたスペースでも、問題のページをご覧になりながら学習することができます。サプリの和訳や追加の解説なども入っておりますのでお楽しみに。

時に鍛えられた本書の英文テキスト、および解説に、無駄な記述はありません。安心して繰り返し学習してください。

必ず、スコアアップにつながります。

---

◀ **音声を聴く方法** ▶

## スマートフォンで聴く方法

AI 英語教材アプリ abceed

**iOS・Android 対応**

無料の Free プランで音声が聞けます

**https://www.abceed.com/**

※ご使用の際は、アプリをダウンロードしてください
※abceed 内には本書の有料アプリ版もあります
※使い方は、www.abceed.com でご確認ください

## パソコンで聴く方法

本書の音声は、下記の朝日新聞出版 HP から
ダウンロードしてください。

**https://publications.asahi.com/toeic/**

Google などの検索エンジンで

朝日新聞出版　L&R 文法特急

と入力して検索してください。

第 0 章

迅速かつ正確な攻略法

超特急!
Part 5 & 6の
走り方

# 迅速かつ正確な攻略法

時間に余裕がある時には、ぶらりぶらりとのんびり旅をするのも楽しいものです。

一方、TOEICは皆さんが外回りをされる時と同じで、迅速かつ正確に動くことが重要となってきます。

Part 5 & 6において、**闇雲に本文を読むのは、路線図を把握せずにとりあえず電車に飛び乗るのと同じくらい無謀な行為**です。無駄なくきちんとたどりつける場合もあるでしょうが、損をしてしまっている時も多々あるはずです。

やはり出発前には、「ルート検索」をするのが得策です。

つまり、アプローチの仕方を定め、目的地に向かって最短・最速の方法を頭の中で描くこと。

そのイメージが固まり次第、一気に Go! です。

具体的には各パートで以下の3ステップを踏んでいきます。

**ステップ I**　選択肢に目を通す

**ステップ II**　種別する

　　　　(a)タイプ　意味が異なる／同じ品詞が並んでいる

　　　　(b)タイプ　意味に類似性がある／品詞や形が異なる

**ステップ III**　メリハリをつけて本文にアプローチする

　　　　(a)タイプ　文脈をいかす

　　　　(b)タイプ　構文やキーワードをいかす

**ステップ I**　選択肢に目を通す

**ステップ II**　種別する

　　(a)タイプ　意味が異なる／同じ品詞が並んでいる／
　　　　　　　　文を挿れる

　　(b)タイプ　意味に類似性がある／品詞や形が異なる

**ステップ III**　メリハリをつけて本文にアプローチする

　　(a)タイプ　精読しながら、文脈上のキーワードをいかす

　　(b)タイプ　速読しながら、構文上のキーワードをいかす


本書では (a)タイプ を「**文脈先行型（精読）**アプローチ」、(b)タイプ を「**構文先行型（速読）**アプローチ」と位置づけ、解説中に示してあります。


タイプを見極めるにあたりましては、次ページのカテゴリーリストをご参照ください。Part 5 と Part 6 の文法問題（語彙・慣用表現の問題は除く）を出題頻度の高い順に列挙してあります。


これらのステップを習慣化し、各々の問題に合ったアプローチをすれば、着実に皆さんのスピード処理能力および正答率は向上していきます。

1 **品詞** ·················································· 速読

名詞・動詞・形容詞・副詞・動名詞・分詞・不定詞など異なる品詞が並ぶ中から、構文上適切なものを選んでいく問題

➡ 主語・動詞を中心に文構造をチェックすること、およびキーワードをいかすことで正解が見えてきます。

2 **語法** ·················································· 速読

各単語が持つ単独の意味よりも、むしろ語法の観点から正しい使い方をしているものを選ぶ問題

➡ 空欄前後にあるキーワードを探すことで突破口が開けてきます。

3 **文脈** ·················································· 精読

全て接続詞、全て前置詞、全て副詞のように同品詞で統一されている選択肢から、文意が通るものを選んでいく問題

➡ 前後の文脈を捉えることで答えは定まってきます。

4 **前置詞 vs. 接続詞 vs. 修飾語** ·················· 速読

前後にある句や節を連結するにあたって、ふさわしいものを選んでいく問題

➡ 空欄前後の文構造をチェックすれば候補は絞れてきます（それだけで答えが見えてくる時も多々あります）。

5 **時制** ·················································· 速読

文中にタイミングを表す言葉を見つけ、それらをヒントに時制を定めていく問題

➡ 時に関するキーワードをつかめば、どの時制がふさわしいか判断できます。

⑥ **態** ················································· 速読

選択肢に掲げられている動詞の特性や空欄前後の状態に合わせて、能動態または受動態を選択する問題

➡ 特に空欄の後ろに目的語があるかどうかが鍵を握ります。

⑦ **修飾** ················································· 速読

other / another, all / each, already / still など空欄前後や文全体を飾るのに適切な語句を選ぶ問題

➡ 修飾しようとしている箇所を見極め、数（単数 or 複数）や語句の並びから正解を見定めていきます。

⑧ **主述の一致** ············································ 速読

主語に合わせて適切な動詞の形を決定していく問題

➡ 補足情報を削ぎ落としながら「主役」に目を向けることで意味はわからなくても秒殺できます。

⑨ **他動詞 vs. 自動詞** ·································· 速読

talk, say, speak, tell のような意味的に類似している語句の中で、空欄前後にある要素からふさわしい動詞を選ぶ問題

➡ 空欄の後ろにある目的語や前置詞をチェックすれば、候補は絞れてきます。

⑩ **構文** ················································· 速読

either 〜 or... の either と or を呼応させるなど、全体の文構造を見極めながら構文を完成させていく問題

➡ 呼応させていくべきパートナーを検索したり、語順に着目していくことで正解が見えてきます。

## ⑪ 関係詞 ………………………………………………… 速読

who / which / that / what のような関係代名詞や when / where などの関係副詞の中から適切なものを選択する問題

➡ 先行詞や空欄の後ろに続く文構造をいかせば、答えは定まってきます。

## ⑫ 格 ……………………………………………………… 速読

I, my, me, mine, myself といった主格・所有格・目的格などの中から適切な格を選択する問題

➡ 文章を形成するのに欠けている要素があるか否かを検証することで答えが絞れてきます。

## ⑬ 比較 ……………………………………………………… 速読

文中のキーワードをいかしながら原級・比較級・最上級のいずれかを選択していく問題

➡ than や as、among や of などの語句を敏感に察知していくことで、答えは定まってきます。

## ⑭ パラレリズム …………………………………………… 速読

等位接続詞がつなぐ要素を文法的に対等な状態で並列させていく問題

➡ and や or など前後にあるキーワードの形を強く認識すれば、正解は見えてきます。

## ⑮ 指示語 …………………………………………………… 精読

I, you, she, he, it, we, they や me, you, her, his, its, our, their の中から前後の文脈に合うものを選択する問題

➡ 文脈上、どの人やモノのことを指そうとしているのかを追っていけば、正解は見えてきます。

このリストは私が毎回 TOEIC を受けながら独自の観点で分類したもので、ここ 20 年間の出題傾向をトータルで捉えて作成しています（もちろん回ごとにランクは変動することもありますので予めご了承ください）。

1 つ言えるのは、巷の文法書で網羅的に示されている出題範囲とは違って、かなり限定的なカテゴリーから出題されているということです。
**つまり、TOEIC が大切にしている固有のカテゴリーと出題傾向を**おさえて戦略的な学習をしていけば必ずステップアップできるということです。

当然上位にランクされているものは皆さんの学習において優先順位が高いものです。本書でもこのランキングに準じて構成してあります。

皆さんもご存知のとおり、**Part 5 ＆ 6 の勝負所はタイム・マネジメントです。**
一般的には Part 5 ＆ 6 は 1 問あたり 20〜30 秒で解くのがよいとされていますが、**種類によってメリハリをつけて、精読タイプ**は **15〜30 秒**、速読タイプは **5〜15 秒**で処理するのが理想です。

和訳を行えば我々の母国語になるわけなので、確かに安心感は得られるかもしれません。私も同じ日本人ですので、そのお気持ちはよ〜くわかります。しかし、大きな弊害が 2 つあります。1 つ目は先ほど申し上げた「スピード処理能力の低下」。

2つ目は「焦点がぼやける」ということです。1つ目は Part 7 でなんとか巻き返すこともできますが、2つ目は直接正答率に関わってくることなので、ここでしっかり考えておきましょう。

速読タイプのように、本来は文法的なキーワード中心に解くべき問題を、「意味的に良さそうだから何となくこれにしておこう」というアプローチで解こうとすれば、問題作成者側の意向と当然ズレますから、その問題で間違えるリスクは高まります。**選択肢を吟味して**「これは速読タイプ」だと思われたら、**なるべく和訳をガマンしながら、構文上のキーワードを探すことが先決**です。和訳して落ち着いている場合ではありません！

また、英語だけで正解を見つけるトレーニングのためにも、本書の問題ページには単語の補足説明をあえて加えておりません。そのかわり、全く糸口がつかめない方へのヒントとして**「花田ナビ」**を各問題の下に、更なるステップアップを目指される方のために「サプリ」を解説の中に記しておきましたので、適宜ご活用いただければ幸いです。各問題に「解答目標タイム」も設定してあります。目安として是非ご活用ください。

さあ、あとは実践あるのみです。
本書は知識を積み上げていく形式になっておりますので、腕に自信がある方も確認をかねて、ぜひ**第1章から順番**に挑戦してみましょう！

第 1 章

## 絶対おさえるべき 23 題

この章の解答目標タイム
**3分45秒**

# 切符は
# 持っていますか？

# A Ticket to Ride

この章では TOEIC の公開テストにおいて、**ほぼ毎回のようにテストされる最優先事項**をご紹介していきます。

「これを知らずして TOEIC を受験するべからず！」といった問題をお出ししていきますので、この章を TOEIC という電車に乗る際の「切符」と位置付け、出題形式の把握にもお役立てください！

**1.** Sharp ------- in demand for new homes are fueling concerns over potential shortages in building materials.

(A) increases

(B) increasing

(C) increased

(D) increasingly

花田ナビ

🕐 解答目標タイム 10 秒

英文の骨である主語と動詞を認識するところから
スタートしてみましょう！

皆さんは英文をご覧になる際、どこを中心にチェックされていますか?「また5文型の話かぁ」と思われたかもしれませんが、そんな役に立たない話はしません。私自身5文型などといったものを念頭に英語を使ったりしていませんから。

私が皆さんに注目していただきたいのは、「**英語の骨**」です。英文は主語(**S**ubject)と動詞(**V**erb)から構成されています。「何がどうした」が最も重要なわけですから、その他の部分はちょっと置いておいて、先ずはその**英語の骨であるSとVを認識するところからスタート**しましょう! これを本書では「**構文先行型アプローチ**」と呼びます。

TOEICのように実際ネイティヴが書く文章は長いものが多いので、前置詞 in や for がつないでいるような**補足情報は削ぎ落として**、Sharp --- are という SV に先ずは着目します。空欄には形容詞 Sharp によって修飾され、動詞 are の主語として機能する**名詞**が求められていると判断できますから、(A) の increases「増加」が正解となるわけです。

(B) の increasing は動名詞とみなせば、名詞の一種ということで主語になり得るところですが、**動名詞は単数扱い**なので、動詞 are の部分と一致しないですね。

---

 以下は名詞と動詞が同じスペルで、「名詞」という認識が薄い単語の例です。

**increase / rise** 増加　**decrease / drop / fall** 減少
**cut** 削減　**leave** 休暇　**use** 使用　**purchase** 購入(品)
**work** 仕事、職場　**visit** 訪問　**play** 演劇、遊び
**look** 一目、見た目

---

**訳▶** 新築の家に対する需要が急騰していることで、建築資材に不足が生じる可能性があるという懸念が沸き上がってきている。

花田
語録

**主語**の機能を果たすのは、**名詞**である!

**2.** ------- optimistic forecasts, J&T
Institute's revenues continued to
decline for three consecutive months.

(A) Even
(B) Despite
(C) Although
(D) Rather

花田ナビ

🕐 解答目標タイム 10 秒

文脈ではなく空欄の後ろにある構文上のパーツを
利用しながら解いていくといいですよ！

我々は学校で「下線部を和訳しなさい」ばかりやらされてきたので、英文が提示されると自動的に意味を捉えようとしてしまう悪い癖があります。

でも実は、この問題で和訳する**必要なんて全くない**んです。そもそも選択肢には意味的にはよさそうなものがいくつか含まれているので、時間がムダになるだけでなく、和訳すればするほど焦点がボヤけていくだけなのです。

まず構文全体を眺めてみましょう。空欄にはカンマの前にある optimistic forecasts という名詞をつなぐ機能が求められています。**名詞をつなぐのは前置詞の役目**なので、選択肢のなかで唯一の前置詞である (B) の Despite が正解となります。

(C) の Although も Despite と同様、「〜にもかかわらず」という意味なので正解に見えるのですが、Although は**接続詞**なので、名詞ではなく **SV** から成る節をつなぐ機能を果たします。

(A) の Even「さえ」と (D) の Rather「むしろ」は**副詞**です。**副詞はあくまで単なる飾り**で、つなぐ機能は持たないとおさえておきましょう。

 以下の5つは全て「〜にもかかわらず」という意味を持っていますが、品詞の観点ではっきりと線引きをしておきましょう！

**despite / in spite of** vs. **though / although / even though**
　　前置詞　　　　　　　　　　　　　　　接続詞

**訳▶** 楽観的な見通しが出されていたにもかかわらず、J&T Institute の収益は3カ月連続で落ち込んだ。

花田
語録

**名詞をつなぐ機能を果たすのは、前置詞！**

**3.** Both Mr. Sheffield from the accounting department ------- Ms. Underhill from personnel have scheduled meetings with the new CEO.

(A) with

(B) nor

(C) and

(D) plus

花田ナビ

🕐 解答目標タイム 5 秒

素早くキーワードを捉えて秒殺してしまいましょう！

選択肢に似たような意味の言葉が並んでいるということは、文脈ではなくキーワードをいかすべきだというサインですね。これは、**和訳などの無駄を一切省いて、最短の時間でスピード処理を目指すべき問題の筆頭**です。

文頭に Both というキーワードがあることをいかして、Both とセットで用いるべき (C) の and を選べば正解。**5秒以内に終わらせるべき問題でした。**

でも「念のため正しいかどうか確認してみよう」ってことで、多くの方が正解をつかんでいるにもかかわらず、また和訳に走ってしまうんですね。我々日本人ってどれほど和訳が好きなんでしょう？ **Part 5 ではアウトプットできたらタスク終了です。**

ちなみに (D) の plus は様々な機能を持っており、The total would be \$25 **plus** tax. のような**前置詞**、そして Veronica is smart, **plus** she is hardworking. のような**接続詞**としても機能するのですが、both とセットで構文を作ることはないので不適切となります。

---

以下のセットは TOEIC で最も頻繁にテストされるポイントの1つです。
下線部のどちらが空欄になってもスピーディに反応できるように！

**either** X **or** Y...　　 X または Y のどちらかが…である
**neither** X **nor** Y...　 X も Y もどちらも…でない
**both** X **and** Y...　　 X も Y もどちらも…である

他にも同様のポイントがありますが、それらは後ほどご紹介します。

---

**訳▶** 経理部の Mr. Sheffield と人事部の Ms. Underhill の2人とも新たに就任した CEO との会議をすでに設定している。

**both** ときたら **and**、**and** ときたら **both**!

24

**4.** We will have to convey ------- to those customers whose shipments have been delayed.

(A) apologize

(B) apologetically

(C) apologies

(D) apologized

花田ナビ

⏲ 解答目標タイム 10 秒

空欄直前にある convey は a conveyer belt「ベルトコンベヤ」の
動詞バージョンだから「運ぶ」というイメージの単語です。
いったい「何を」運ぶんでしょう？

空欄の前に動詞convey、後ろに前置詞toがあることから、空欄には convey の**目的語**として機能する**名詞**が求められていると判断し、(C) の apologies「謝罪」を選択します。

(A) の apologize も名詞に見えてしまいがちなのですが、(D) の apologized をヒントにすれば、-ed は動詞の原形に対してのみ付くもの、つまり「-ed が付く前の apologize は動詞の原形である」と判断することができます。

品詞の判断に迷った時には、**-ed** や **-ing** が付いた**選択肢を活用**しながら、動詞の原形をまず**断定**してしまうとよいでしょう。

ちなみに convey という単語は a conveyer belt「ベルトコンベヤー」からイメージできるとおり、「〜を運ぶ」という意味の動詞です（英語では a belt conveyer という語順じゃないんですネ）。

convey や apologies を使った表現をいくつかご紹介しておきます。

| | |
|---|---|
| **convey apologies** | 謝罪の意を伝える |
| **convey a message** | メッセージを伝える（「伝言ゲーム」のイメージ！） |
| **express apologies** | 謝罪の気持ちを表す |
| **accept apologies** | 謝罪を受け入れる |

**訳▶** 配送が遅れてしまった顧客に対して、我々は謝罪の意を伝えなければならないだろう。

花田
語録

**目的語**の機能を果たすのも、**名詞**である！

**5.** Our new production of *The Angel Of The Opera* is quite popular, ------- it is advisable that you reserve your seats well in advance.

(A) unless

(B) so

(C) even though

(D) or

花田ナビ

⏱ 解答目標タイム 20 秒

選択肢に並んでいる語句は全て接続詞なので、
文脈をつなぐのにどれが最も自然であるか
考えてみましょう！

一瞬、21ページで出てきた前置詞 vs. 接続詞 vs. 修飾語と同タイプの問題に見えますよね? 空欄には後ろに続く it is... という節をつなぐ接続詞が求められているのですが、困ったことに選択肢は全て接続詞なので、文法的に攻めていくことができません。このように選択肢に同品詞が4つ並んでいたら、しょうがないので文脈をいかしていきましょう。

まずカンマの前は Our new production ~ is quite popular「当館の新作は結構人気があります」という**状況**、そして後ろは it is advisable that you reserve your seats well in advance「かなり前もってお席を予約されることをお勧めいたします」という**結論**が述べられていますので、結論や結果を導くことのできる (B) の so「だから(= and)」が正解になります。

(A) の unless は「~でない場合は」という意味で、**if の否定バージョン**とおさえておかれるといいでしょう。

(C) の even though は22ページで学んでいただいたとおり、「~にもかかわらず(= though / although)」という意味なので、前後に**相対する内容**が描かれている必要があります。

(D) の or は「さもなければ」という意味なので、前に**プロセス**、後ろに**遂行できない場合の結末**が描かれます(例:Hurry up, or you'll be late for the meeting.)。

so と because はつないでいくべきモノが異なりますので、混同しないようにご注意ください!

Mr. Lee was sick, **so** he could not attend the meeting. ← 結果を導く

Mr. Lee could not attend the meeting **because** he was sick. ← 理由を導く

**訳▶** 当館の新作 The Angel Of The Opera はなかなかの人気を博しておりますので、かなり前もってお席を予約されることをお勧めいたします。

**6.** Ms. Mori is quite ------- about jazz and plays saxophone in her spare time.

(A) knowledge
(B) knowingly
(C) knew
(D) knowledgeable

花田ナビ

⏱ 解答目標タイム 5 秒

空欄の前にある is を活用するといいですよ！

意外かもしれませんが、この問題を解く重要なヒントは空欄の前にある is です。皆さん「ただの be 動詞」と、なおざりにしてしまっていませんか？

英語において、**be 動詞はイコールサイン**という重要な任務を果たしているんです！ つまり空欄に何が入るのかを知りたければ、is の前にある主語をヒントにすればいいってことですよね。

実際この問題では、Ms. Mori is --- about という部分から「Ms. Mori = ?」と考え、**人の性質や状態などを表す機能を持つ**品詞を探せば、**形容詞**である (D) の knowledgeable「見識がある」を選択すべきだという判断ができます。

(A) の knowledge「知識」は名詞で、文法的には be 動詞の後ろに入り得るのですが、Ms. Mori = knowledge「Mori さん＝知識」という図式は成り立たず、不適切となります。副詞である (B) の knowingly「知りながら（わざと）」と動詞の過去形である (C) の knew は文法的に不適切です。

knowledgeable の語尾に付いている -able は、主に形容詞に見られる形です。

| | | | |
|---|---|---|---|
| cap**able** | 有能な | valu**able** | 価値のある |
| reli**able** | 信頼のおける | advis**able** | 望ましい |
| reason**able** | 妥当な | avail**able** | 入手可能な |
| remark**able** | 目立つ | consider**able** | かなりの |
| vi**able** | 実現可能な | prob**able** | ありそうな |

**訳 ▶** Ms. Mori はジャズのことをかなりよく知っていて、余暇にはサックスを吹いている。

花田語録

**形容詞**は、名詞の**状態**や**性質**を述べる機能を持つ！

**7.** The sales clerk ------- Ms. Lee about some special discounts currently available on his company's products.

(A) was informed

(B) informed

(C) to inform

(D) has been informed

花田ナビ　　　　　　　　　　　　　🕐 解答目標タイム 10 秒

inform 人 of / about ～ 「人に～を伝える」という語法を
念頭に置いてアプローチしてみるといいですよ！

選択肢から「動詞の形が問われている」という意図を汲みとることができますね。それがわかったら、皆さんがチェックすべきポイントは「① 時制 ② 態 ③ 主述の一致」、この3点です。

まずは①時制の観点で、選択肢を見てみましょう。(A) と (B) は過去形で(D)は現在完了、と大きく2種類しか見受けられませんので、ポイントになる可能性は薄そうですね。

次に②態の観点で検証してみますと、能動態と受動態が見事揃っていますね。態の問題である可能性は濃厚です。

最後に③主述の一致の観点で見てみますと、主語である The sales clerk と (A) (B) (D) の3つが一致しますので、これも問題を解く糸口にはならないでしょうね。

ということで、態の観点でアプローチしていくのですが、態を決定づけるのはズバリ**目的語の存在**です。今回 inform を使うにあたって、空欄の後ろに Ms. Lee という**目的語があります**ので、「Ms. Lee に inform する」と能動的に述べるべき (B) の informed を選択します。(A) の <u>was</u> informed と (D) の <u>has been</u> informed は受動態、(C) は動詞の形をしていないので×です。

---

notify という動詞も inform と同様、「人に〜を伝える」という意味・語法を持っていますので、併せておさえておきましょう。

Yuko **informed** me **of/about** her promotion. 〈inform 人 of 名詞〉

Yuko **notified** me **of/about** her promotion. 〈notify 人 of 名詞〉

Yuko **informed** me **that** she was promoted. 〈inform 人 that SV…〉

Yuko **notified** me **that** she was promoted. 〈notify 人 that SV…〉

「Yuko は昇進したことを私に知らせてくれた」

**訳▶** 販売担当者は、現在自社の商品に対し特別割引をしているということを Ms. Lee に伝えた。

- - - - - - - - - - - - - - - - - - - - - - - - - - - - - - - - - - - - -

花田
語録

**後ろに目的語がある**場合は
**能動態**である可能性を探るべし！

**8.** Some of the staff members want to leave the office early today ------- the afternoon meeting is canceled.

(A) since
(B) consequently
(C) then
(D) because of

花田ナビ

🕐 解答目標タイム 10 秒

選択肢にはどんな品詞が並んでいるでしょうか？

選択肢には前置詞・接続詞・副詞という3種類の品詞が並んでいますね。そこから、「品詞を断定していくことによって徐々に絞っていける！」という解法のルートが見えてきます。

先ずは、空欄の位置から前後をつなぐ機能が求められているとみなし、この時点で前置詞と接続詞を候補に残します。次に空欄の後ろへ目を移し、the afternoon meeting is canceled の部分に **SV から成り立つ文章(節)** が続いていることが認識できれば、空欄には**接続詞**である (A) の since がふさわしいと判断することが可能になります。

ちなみに since は接続詞だけでなく、前置詞としての機能も持っており、両方とも「〜以来」という意味があります。ただ、接続詞として用いる場合のみ「〜なので」という意味もあり、今回の問題でも因果関係をつなぐ機能を果たしています。

(D) の because of にも「〜なので」という意味があるのですが、前置詞なので文法的に不適切となってしまいます。
(B) の consequently「結果として」と (C) の then「その時、それなら」は副詞なので、前後をつなぐ機能は持っていません。

以下の8つは全て「〜なので」という意味を持っていますが、品詞の観点ではっきりと線引きをしておきましょう！

**前置詞**　because of / due to / thanks to / owing to / on account of
**接続詞**　because / since / as

**訳▶** 午後の会議が取り止めになったので、スタッフのうち数名が今日は早めに退社したがっている。

花田
語録

**節 (SV...) をつなぐ機能を果たすのは、接続詞！**

**9.** Once the seminar had ------- ended,
   some of the participants started
   leaving the room.

   (A) near
   (B) nearing
   (C) nearer
   (D) nearly

🕐 解答目標タイム 10 秒

空欄前後にある had ended で
完了形がすでに出来上がっていますね。

選択肢から品詞の問題であると判断できますので、目を右に素早く動かしながら構文を検証していきましょう。

すると主語 the seminar の後ろに動詞 had ended が完了形を形成しており、**文の骨組みは既に出来上がっている**ことに気付けますね。

ということは、空欄に求められているのは飾り的な要素なわけで、空欄の位置から**動詞を修飾する機能を持つ副詞**として (D) の nearly「ほぼ (= almost)」が正解であると判断します。

英語において修飾の機能を持つのは**形容詞的**なものと**副詞的**なものの大きく2種類なのですが、形容詞が名詞を修飾するのに対し、副詞というのは実に様々なものを修飾します。

副詞のことを adverb というのですが、その名が示すとおり verb 「動詞」に add「(飾りを) 加える」という機能が備わっていますので、先ずはこの点をキッチリおさえておきましょう。**TOEIC で ほぼ毎回テストされる最頻出ポイントの1つです。**

以下は名詞と動詞が同じスペルで、「動詞」という認識が薄い単語の例です。

| | |
|---|---|
| **end** 終わる | **present** 提示する |
| **cast** 投げる、配役する | **post** 貼る、配置する |
| **function** 機能する | **address** 話す、対処する |
| **caution** 警告する | **head** 向かう |
| **station** 配備する、駐在させる | **tour** 見て回る |

**訳▶**セミナーがほぼ終わりかけた時点で、参加者の一部は退出し始めた。

**副詞は、動詞を飾る機能を持つ！**

**10.** Workers at Global Motors have been volunteering ------- time recently in order to help the company survive.

(A) theirs

(B) themselves

(C) their

(D) them

花田ナビ

🕐 解答目標タイム 5 秒

空欄部分で目を止めると視野が狭まって、
正しい判断ができなくなる時がありますよ！

選択肢の並びから、これは主格・所有格・目的格などといった「格が問われている問題」だと判断できますね。よって、全文和訳は控えながら「構文上ふさわしいパーツはどれか?」と考えていきます。

格の問題で**絶対やってはならない**のが空欄で目を止めてしまうことです。実際、多くの方が have been volunteering --- で読むのをストップしてしまうので、空欄には動詞 volunteer の目的語として、(D) の them や (B) の themselves が入るような錯覚に陥ってしまうんですね。特に volunteer の意味まで考えながら解こうとすると、「自分自身で判断して奉仕すること」だから themselves にしようなんて疑念がよぎってしまうものです。

では、今度は空欄の後ろまで走り抜けてみてください。すると have been volunteering --- time recently の部分まで見えてきて、空欄の直後にはすでに **volunteer の目的語として time という名詞が使われている**ことに気付けますね。そうすれば、空欄には名詞 time に対して飾りをつける形容詞的機能、つまり**所有格**である (C) の their を正解として選択することができるようになります。

3つの格が構文のなかで果たす機能を明確にしておきましょう(その他の格については後述します)。

**主格** (I, you, she, he, it, we, they)　　　→ **主語**として機能する
**所有格** (my, your, her, his, its, our, their) → **修飾語(飾り)**として機能する
**目的格** (me, you, her, him, it, us, them) → **目的語**として機能する

**訳**▶最近 Global Motors 社の従業員たちは、会社が存続できるように自分達の時間を捧げている(サービス労働をしている)。

**所有格**は、**名詞**を飾る機能を持つ!

**11.** A fine of up to €90 will be imposed upon any drivers ------- park illegally downtown.

(A) those

(B) who

(C) which

(D) whose

花田ナビ

🕐 解答目標タイム 10 秒

空欄の前後にどんな要素があるかチェックしてみましょう！

選択肢から、関係代名詞の問題であろうと推察することができますね。**関係代名詞**は、前後の関係をつなぐ**接続詞的機能と代名詞の機能が兼ね備わった**、いわば「**スーパー代名詞**」です。

関係代名詞の問題を解く際のコツは「**空欄前にあるどの名詞のことを語るべきなのか？**」、そして「**後ろにはどんな要素が存在しているのか？**」を認識しながら、うまく連結させていくことです。

今回、空欄の前には drivers という人、後ろには park illegally という動詞と副詞が続いていることから、空欄には**人間のことを表すことのできる主格の関係代名詞**として (B) の who がふさわしいと判断します。

(D) の whose は所有格ですから、後ろの名詞にかかる形容詞的な機能が求められている場合に用いられます。今回、空欄の後ろにある park は名詞のようにも見えるので、所有格が入りそうな気がしてしまうところですが、park を名詞とみなしてしまうと動詞がないまま illegally という副詞が続いていることになり、構文として成り立たなくなってしまいますね。(C) の which は主格の関係代名詞ですが、drivers のような人ではなく machines のようなモノに対して使われるべきです。(A) の those は単なる代名詞で、関係代名詞のように前後をつなぐ機能がありません。

以下のような場合、who や which の代用として that は使えません。

The lady, **who** is now singing, is my boss.
　　↖ カンマの後（非制限用法）
We ordered ten new cars, half **of which** we'll receive today.
　　　　↖ 前置詞の後

**訳** ▶ 繁華街で違法駐車する運転手には最高 90 ユーロの罰金が科せられる。

花田
語録

**関係代名詞**は、**接続詞＆代名詞的機能**を果たす！

**12.** The company hired more workers and extended the factory's hours of operation in order to ------- production.

(A) double
(B) doubles
(C) doubled
(D) doubling

花田ナビ

 解答目標タイム 10 秒

in order to がポイントです。

空欄直前の to がキーワードなのですが、to には go to school のように「到達」を表す前置詞の to もあれば、不定詞の名詞的・形容詞的・副詞的用法の to もあり、実に様々です。

そこでいかしたいのが、to の前にある in order の存在です。in order to ～とすることによって、「～するために」と目的を明確にさせる**不定詞の副詞的用法**であることが明白になり、空欄には**動詞の原形**である (A) の double が入るべきだという判断ができるようになります。

我々は普段 double を a double cheeseburger のように何となく形容詞として使っている機会が大半ですが、ビジネスや TOEIC では「2倍にする (なる)」という意味の動詞として使われることの方がはるかに多いので是非おさえておきましょう。

普段はあまり動詞として認識していない単語なので、今回の問題でも選びづらかったかと思いますが、(C) の doubled や (D) の doubling に付いている -ed や -ing を指で隠せば、(A) の double が動詞の原形であるという確証を得ることができますね。

**order**の部分をテストする品詞の問題も出題されていますので、正しい形で運用できるようにしておくのがオススメです。

以下に to do ～という形で用いる表現をいくつか列挙しておきます。

**used <u>to do</u> ～**　　かつては～していた
**be likely <u>to do</u> ～**　おそらく～となる
**be about <u>to do</u> ～**　間もなく～する
**be willing <u>to do</u> ～**　進んで～する

**訳▶**生産量を2倍にするべく、その企業は従業員を増やし、工場の稼働時間を延ばした。

花田
語録

**不定詞**があれば、**動詞の原形**が存在するはず！

**13.** Some handouts will be given to -------
who choose to leave before the
seminar ends.

(A) participant
(B) participation
(C) participate
(D) participants

花田ナビ

🕐 解答目標タイム 15 秒

品詞を定めるだけでなく、空欄の後ろも見てみましょう！

選択肢から品詞の問題であるように見受けられますので、空欄前後の要素を素早く確認します。

空欄の前には Some handouts will be given という受け身の文章があり、それを前置詞 to がつないでいますので、空欄には名詞が入ることになりますね。

ところが動詞の原形である (C) の participate を除いた３つは全て名詞なので更なるヒントを探してみますと、直後に主格の関係代名詞 who と動詞 choose が続いていることに気付けます。

who が用いられていることから「人を表す名詞」が入るべきだということはわかるのですが、むしろここでは **choose が複数形及び１人称と２人称の主語に一致する形**であることに注目し、複数形の (D)participants を用いて**主述を一致させる**という考え方が決定打になります。

(A) の participant と (B) の participation も名詞なのですが、単数形なので動詞 choose と主述が一致しないため、不適切と判断できます。

語尾から「人を表す名詞」と「モノや動作を表す名詞」を識別できるようにするべく、日頃から語感を高めておきましょう。

**particip<u>ant</u>** 参加者 vs. **particip<u>ation</u>** 参加
**applic<u>ant</u>** 申請者 vs. **applic<u>ation</u>** 申請書
**assist<u>ant</u>** 助手 vs. **assist<u>ance</u>** 援助

**訳▶** セミナー終了前に退出することを選択する参加者には、配布資料が渡されることになっている。

花田語録

同品詞が候補として複数残ったら、**主述の一致**を切り札に使ってみよう！

**14.** The update to the company Web site must be completed ------- next Thursday.

(A) beside

(B) below

(C) between

(D) before

花田ナビ

🕐 解答目標タイム 15 秒

選択肢に並んでいる語句は全て前置詞なので、
文脈をつなぐのにどれが最も自然であるか考えてみましょう！

選択肢に並んでいるのは、全て前置詞です。同品詞が4つ並んでいたら、文脈をいかしながらアプローチするんでしたね。

まず空欄の前には The update to the company Web site must be completed「会社のウェブサイトの更新を完了させる必要がある」という**タスク**、そして後ろには next Thursday「今度の木曜日」という**タイミング**が示されていますので、**時や順序を明示する**ことのできる (D) の before「〜より前に」が正解になります。before next Thursday で deadline / due date「期限」が明確に定められているわけですね。

(A) の beside は next to と似た前置詞で、「〜のわきに」という意味を持っています。

(B) の below は above の反意語で、「〜の下の方」を広く表すことができます。いずれの選択肢も**位置関係**などを表す際に用いられるもので、next Thursday の前に入れるのはおかしいですね。

(C) の between は**2人**もしくは**2つのモノ**を意識しながら「〜の間」という意味で使われるものなので、between Monday and Thursday のように用います。

期限を定める際に用いられる表現には、以下のようなバリエーションがあります。

| | |
|---|---|
| **by** next Thursday | 今度の木曜日までに |
| **before** next Thursday | 今度の木曜日よりも前に |
| **on or before** next Thursday | 今度の木曜日もしくはそれよりも前に |

**訳▶** 今度の木曜日より前に、会社のウェブサイトの更新を完了させる必要がある。

花田
語録

**before** を使って**時や順序**を明示することができる！

**15.** The manager reprimanded Peter because he was ------- late for work.

(A) consistent

(B) consisting

(C) consistently

(D) consistency

花田ナビ

⏱ 解答目標タイム 10 秒

空欄部分で目を止めず、後ろまで走り抜けてみよう！

空欄の前に he was とあるので、空欄には形容詞や -ing 形が入ると思われた方…フフフ花田の術中にハマってしまいましたね。**空欄で目を止めてしまわず、後ろまで走り抜けて視野を広げてみるときっと見方が変わってきますヨ。**

この問題では、空欄前の he was と後ろにある形容詞 late で he was late という文章が既に完成しています。ゆえに、空欄には形容詞 late を修飾する品詞として、副詞である (C) の consistently「常に (= always / constantly)」が入ります。

36ページで「副詞には様々な機能がある」と申し上げましたが、**副詞は動詞だけでなく形容詞を修飾することもできるんですね。**

(A) の consistent は形容詞、(B) の consisting は現在分詞または動名詞、(D) の consistency は名詞なので不適切となります。

> 漢字にそれぞれ意味があるように、英単語にもスペルに特定のイメージが組み込まれている時があります。例えば consist は con-「ともに」、-sist「立つ」なので consistently「ともにしっかり立ち続けるように」→「一貫して、常に」という意味になるわけです。
>
> | **con-** ともに | conduct 導く | conference 会議 |
> |---|---|---|
> | | contain 含む | |
> | | concern 関係する、関心事、懸念 | |
>
> | **-sist** 立つ | assist 支える | insist 固執する |
> |---|---|---|
> | | resist 抗う | persist 貫き通す、存続する |

**訳▶** Peterはいつも職場に遅刻してくるので、部長は彼を叱責した。

花田
語録

**副詞は、形容詞を飾る機能も持つ！**

**16.** ------- job seekers now post their
résumés online, where they are easily
viewed by prospective employers.

(A) None
(B) Almost
(C) Every
(D) Many

花田ナビ

🕐 解答目標タイム 10 秒

これは修飾の問題です。
空欄部分が飾ろうとしている語句に注目！

選択肢には何かに飾りをつける機能を持った「修飾語」が中心に並んでいますので、**どの部分をどのような方法で飾ろうとしているのか?** と考えながらロジカルにアプローチしていきます。

今回、空欄の直後に job seekers という語句があることから、空欄にはズバリ「**名詞を修飾する形容詞機能**」が求められていると判断できます。さらに seeker**s** という**複数の形**に注目できれば、(D) の Many がふさわしいということになるわけです。

(C) の Every も形容詞として機能するのですが、every や each は後ろにくる名詞を「**個 (1つのかたまり)**」と捉えるので Every job seeker のように単数の形で示されるべきです。

注意していただきたいのは (B) の Almost です。Most とスペルも意味も似ているので混同してしまいがちですが、**Most は形容詞や代名詞であるのに対し、Almost は副詞です**。副詞 Almost で名詞 seekers を飾ることはできません。まず All seekers としておいて、その All に対して **Almost all** seekers「ほぼ全ての探している人々」とするのが本来の使い方です。

(A) の None は**代名詞**として、None of the job seekers のように用いることはできます。ちなみに None の形容詞バージョンは No です。No job seeker(s) のように使うことは可能です。

---

以下に列挙する修飾語の使い方を明確に分けておきましょう。

**all / most / many / some / several / (a) few / no** ＋ cars
**every / each** ＋ car
**almost** ＋ all cars　　　　　　※ no の後ろは単数形でも OK

---

**訳▶** 現在、多くの求職者がネット上に履歴書を載せており、そこでは求人を行っている企業から容易にアクセスしてもらえる。

---

花田
語録
**all / most / many / some / several /**
**(a) few / no は可算名詞を修飾**することができ、
その名詞は複数形になる!

**17.** Mrs. Murphy's appointment with the dentist ------- for Tuesday at 4 P.M.

(A) reschedules

(B) had rescheduled

(C) will be rescheduling

(D) has been rescheduled

花田ナビ

🕐 解答目標タイム 10 秒

選択肢には reschedule 〜「〜の予定を組み直す」という
動詞が使われていますね。

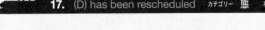

選択肢には動詞 reschedule の変化形が並んでいますので、「時制・態・主述の一致」の観点で検証していきましょう。

まずは**時制**なのですが、選択肢に4つのバリエーションが見受けられるものの、本文にある for Tuesday at 4 P.M. だけでは時制を定めることはできません。

次に**態**の観点で見てみますと、能動態と受動態が2つ揃っていますので、態の問題である可能性は濃厚です。

最後に**主述の一致**の観点で見てみますと、主語である appointment と全ての選択肢が一致しますので、可能性なし。

態の問題だと読めたところで、reschedule という動詞に注目したいのですが、使い方までご存知の方は少ないですよね。ここで重要なのは**意味に頼らない**ことです。もう能動態か受動態のどちらかに決まっているわけですから、あとは**目的語の存在**を意識して解けばよいわけです。

今回、空欄直後に目的語がないまま for ～ という補足情報が続いてしまっているので、目的語であった appointment が主語として前に移動したと考え、受動態である (D) の has been rescheduled がふさわしいと判断します。残りの (A)(B)(C) は全て能動態なので不正解となります。

この機会に能動態と受動態の違いを見つめ直しておきましょう。目的語を前面に押し出し、主役としてスポットライトを当ててやるのが受動態です。

能動態　They have rescheduled Mrs. Murphy's appointment.

受動態　Mrs. Murphy's appointment has <u>been</u> rescheduled.

**訳▶** Mrs. Murphy が入れていた歯医者の予約は火曜日の午後4時に変えられている。

**花田語録**

**後ろに目的語がない場合は**
**受動態である可能性を探るべし！**

**18.** The University of Andalusia ordered exactly the same number of textbooks ------- last year.

(A) close

(B) from

(C) except

(D) as

花田ナビ

🕐 解答目標タイム 5 秒

視野を広げて、空欄部分とセットで使われるキーワードを探してみましょう！

この問題は、文章の中盤にある the same をキーワードとして活用できたかどうかがポイントです。

**the same** は他のモノと「同一である」とみなした時に用いられるのですが、その比較対照物の前には (D) の as を置いて the same 〜 as…「…と同じ〜」とすることができます。**the same** number of textbooks **as** last year「昨年と同じ数のテキスト」という表現が完成していますね。

このように TOEIC に出てくるようなネイティヴが書いた文章というのは修飾がついて長くなるものが多いので、一言一句ゆっくりと和訳しながら読み進めるのではなく、素早く目を動かしながらキーワードを拾い集めていかれるといいですよ。

(A) の close は対象物と一緒に用いる際、X is **close to** Y「X は Y に近い」のように使われます。

(C) の except は、the published items **except (for)** textbooks「テキストを除く出版物」のように、前後が同質のモノでなければいけません。

(B) の from は空欄前後をつないで textbooks from last year とすること自体は可能ですが、**the same** の部分と呼応しないので、語法の観点から不適切とみなします。

以下に as を用いた表現をいくつか列挙しておきます。

| | |
|---|---|
| **as soon as** possible | なるべく早く |
| **as long as** you can | なるべく長く |
| **as far as** I know | 私の知る限りでは |
| wine **as well as** beer | ビールだけでなくワインも |

**訳 ▶** Andalusia 大学は昨年とまったく同じ数の教科書を発注した。

花田
語録

**the same と as は呼応させながら用いる！**

**19.** It is typical for a former professional
athlete to ------- a job as a sports coach.

(A) seek
(B) look
(C) search
(D) care

花田ナビ

🕐 解答目標タイム 10 秒

選択肢に並んでいる単語は意味が似ていませんか？
ということは、構文先行型アプローチですね。

一瞬、語彙問題のように見えるので、和訳しながら解いてみましょうか？ そう、お気付きですね。**複数の選択肢が意味的には合致してしまうのです。**ここは仕切り直して、キーワードを先行させてアプローチしていきますと、空欄の直後に **a job** という**目的語**があることから、空欄には**他動詞**である (A) の seek「～を探す」が入るべきだとわかります。

他の選択肢も a job という名詞と一緒に用いることは可能なのですが、look for a job / search for a job / care about a job のように**自動詞的**な使い方をします。自立してしまっている動詞なので、後ろに**名詞をつなげる時には前置詞の補助が必要**なわけですね。

この手の問題は慣れるのに時間と経験を要します。実際、慣れるまでは語彙の問題と勘違いして和訳に走ってしまうことでしょう。最初はそれでいいんです。**大切なのは意味的に解き切れないと感じたら即座に構文先行型アプローチに切り替えることです。**そして、普段から seek という**単語を単体として覚えよう**とするのではなく、**seek a job というフレーズごとおさえよう**とするスタンスを持ち続けることで、正解が自ずと見えるようになってきますよ！

search には自立して用いる「自動詞」と目的語を他に必要とする「他動詞」両方の使い方があります。以下の例文の中で使い方を比較してみましょう。

| 自動詞 | Rob is **searching for his key**. | ← モノを探す |
| 他動詞 | Rob is **searching his room** for his key. | ← 場所の中を探す |

**訳 ▶** 元プロスポーツ選手がコーチの仕事を求めるというのは典型的な流れ（ありがちなこと）である。

**seek は他動詞である！**

**20.** A ------- of over one million dollars was raised at last night's charity event.

(A) totally

(B) total

(C) totaling

(D) totaled

花田ナビ

⏱ 解答目標タイム 5 秒

空欄の前にAという冠詞、後ろにはofがあることに注目！

ここは和訳など一切入れずに、空欄の前後をみて秒殺していくべき問題ですね。

空欄の前にある A は、An や The と同様いわゆる冠詞と呼ばれるものですが、要は名詞につける「冠」みたいなものなんです。裏を返せば、**冠詞の後ろには名詞があるはず**ですよね。

今回の問題は冠詞 A があって、空欄の後ろが of という前置詞でつながれていますね。ということは、of の前まで(つまり空欄)に主役である名詞に入ってもらう必要がありますので、(B)の total が正解となります。**A total of ～**で「計～」という意味の表現の完成です。

最後に1つだけ注意しておきたいのは、**直前に冠詞があるからといって、その直後に必ずしも名詞が入るとは限らない**という点です。<u>The really expensive car</u> のように、名詞 car の前に形容詞や副詞などの修飾語が入ることだって大いにあり得ます。

A total of ～と同様、表現として確立しているものを少し挙げておきます。

| | |
|---|---|
| **a number of** employees | 複数の従業員 |
| **a set of** rules | 一連の規則 |
| **a group of** engineers | 技術者の一団 |
| **a couple of** days | 数日 |
| **a series of** accidents | 一連の事故 |
| **a round of** visits | 歴訪 |

**訳▶** 昨晩のチャリティ・イベントで計100万ドル以上の基金が集まった。

**21.** The building owners are discussing whether to take out a loan to pay ------- the lobby to be renovated.

(A) with

(B) into

(C) for

(D) by

花田ナビ

🕐 解答目標タイム 15 秒

選択肢に並んでいるのは全て前置詞です。つなぐべき前後の語句がどんなイメージを持っているか考えてみましょう！

選択肢には前置詞が並んでいますので、文脈から汲み取れるイメージを大切にしていきましょう。特に注目すべきは空欄前後にある pay と the lobby to be renovated という部分です。

the lobby to be renovated「そのうちロビーの修繕をしなければならない」と、その修繕作業に対して pay「支払う」との関係を見ていきましょう。その2つの要素をつなぐのにふさわしい前置詞は (C) の for です。

誰かのためにプレゼントを用意した時に This is <u>for</u> you. と言ったりしますが、pay <u>for</u> the lobby... も「このお金はロビーの修繕に充てる」という**対象**のイメージで用いられています。

今回、「pay があったから自動的に for を選んだら正解でした」って方はちょっと危険です。学校教育では pay for というのを「熟語」と称して、まるで「pay ときたら for ですよ」といった具合に暗記させますが、いつも for が続くとは限りません。

例えば (A) の with は「**道具**」のイメージなので、pay <u>with</u> a credit card のように使います。(D) の by は「**手段**」のイメージを持っているので、pay <u>by</u> cash のように用いられます。それぞれの前置詞がもたらすイメージが大切なんですネ。

対象や方向のイメージを持つ for を使った表現をいくつか列挙しておきます。

| | |
|---|---|
| in preparation **for** the party | 宴会の準備をするため |
| go **for** a walk | 散歩に出掛ける |
| schedule a meeting **for** Friday | 会議を金曜日に設定する |

**訳▶** ビルのオーナーたちは、ロビーの改修工事の支払いをするにあたって借り入れをするか否かについて話し合っている。

花田
語録

**for は「対象」を表すイメージを持っている！**

**22.** The directors of the Bio Corporation ------- in Conference Room 4 every Tuesday, unless the room is being used for another purpose.

(A) meet
(B) meeting
(C) met
(D) meets

花田ナビ

🕐 解答目標タイム 10 秒

これは時制の問題です。タイミングを示唆するキーワードを探してみましょう！

この問題を解くルートはいくつか考えられますが、選択肢から動詞の形が問われているという意図が汲み取れますので、ロジカルに時制・態・主述の一致の観点からチェックしていきましょう。

まず主語が The directors という複数形の名詞なので、The directors (= They) に一致する動詞として、(A) の meet または (C) の met の 2 つに絞ることができます。

次に、meet と met の違いは**時制**にありますので、文中から時を表すキーワードを探してみます。すると、カンマの前に every Tuesday「毎週火曜日」、そして unless the room is being used「部屋が使われていない限り」と書かれていることから、**日常的に繰り返し行われている動作**であるとみなし、**現在形**である (A) の meet が正解であると判断します。

このように、動詞の形を定める問題では「時制＆主述の一致」「態＆主述の一致」のように**コラボレーション的なパター**ンがしばしば見受けられますので、選択肢の並びを吟味しながら攻略していきましょう。

現在形を用いて表現する例をいくつか列挙しておきます。

I will give you a call when I **get** back.　　　〈時・条件節の中〉
The last train **leaves** at 11:45 on Sundays.　〈確定的な予定〉
The sign **says** the highway was closed yesterday.

〈恒久的な状況〉

**訳▶** Bio Corporation の取締役たちは、第 4 会議室が他の目的で使用されていない限り、毎週火曜日に同会議室にて会合を行う。

**23.** A sudden drop in sales would -------
cuts in production and employment.

(A) necessitate

(B) necessary

(C) necessity

(D) necessarily

花田ナビ　　　　　　　　　　　　　　🕐 解答目標タイム 5 秒

空欄前後にある would と cuts はそれぞれどんな品詞でしょう？

空欄の前に主語 A sudden drop と助動詞 would、そして後ろに cuts という目的語が見受けられますので、空欄には動詞の原形である (A) の necessitate「必要とする (= require)」が入ります。

一見 cuts は動詞のように感じられますが、助動詞 would の後ろに入る動詞は原形でなければならないので、cuts は動詞ではなく複数名詞として捉えるべきですね。

TOEIC では、特に品詞の問題で necessitate のように普段さほど頻繁に使われない単語が正解になるケースが多々ありますので、勘に頼らずに、ロジカルに解こうとする意識が重要です。

助動詞はその名のとおり「動詞を助ける」ような働きをするもので、will / would / can / could / may / might / should などのバリエーションがあります。助動詞を見たら、「動詞の原形はどれだ？」と常に意識していくようにしましょう。

> necessitate の語尾に付いている -ate は、しばしば動詞に見られる形です。
>
> **cre<u>ate</u>** 創造する　　**appreci<u>ate</u>** 感謝する
> **renov<u>ate</u>** 改装する　　**regul<u>ate</u>** 規制する
> **hesit<u>ate</u>** 躊躇する　　**domin<u>ate</u>** 支配する
> **alloc<u>ate</u>** 割り当てる　**design<u>ate</u>** 指定する
> **compens<u>ate</u>** 償う

**訳▶** 売上が急激に落ち込んだことで、生産量や人員の削減が必要となってくるであろう。

花田
語録

助動詞があれば、動詞の原形もどこかにあるはず！

第2章

スピードを手に入れる 19題

この章の解答目標タイム
**3分10秒**

各駅から
超特急に乗り換え！

# Speed it up!!

この章では Part 5 のなかでも、**特にスピードを上げて解くべきタイプの問題**をご紹介していきます。

ここで秒殺するコツをつかんでおけば、各問題で少しずつ**時間の貯金**を捻出することが可能になり、語彙の問題や Part 7 などにその時間をシフトすることができるようになることで、**全体のスコアアップ**につながります。さぁ、文法特急のエンジン全開です！

**1.** The rain was ------- heavy the other night that the driver had to stop the bus along the roadside.

(A) too

(B) so

(C) even

(D) quite

🕐 解答目標タイム 5 秒

広い視野でキーワードを捉えて即答！

選択肢に並んでいるものは意味的に近くないですか？ The rain was <u>too</u> heavy にせよ、The rain was <u>so</u> heavy にせよ、The rain was <u>quite</u> heavy にせよ、どれも「豪雨」だということを伝えることができていて、どれも良さそうに見えてしまいますよね。ニュアンスの違い？ それも問題を解く糸口にはなりません。

**選択肢に似た意味の言葉が複数存在していたら、構文のなかにキーワードを探しにいきます。** 2行目にある that が目に入ってくれば、**that** とセットで用いるべき (B) の so を選んでタスク終了です。そう、これはかの有名な「so 〜 that... 構文」です。残りの選択肢は **that** と一緒に構文を作らないので不正解となります。

「学校でさんざんやったから正解できるはずなのに…」とか「和訳しながら解いたので必要以上に時間をかけちゃいました」という方々、私も同じ学校英語育ちなのでお気持ちはよくわかります。なぜそういうことが起きるかというと、TOEIC に出てくる文章はネイティヴによって書かれた長いものが多く、**キーワードとキーワードの位置が離れているから**なんです。

そのギャップを埋めるには、ゆっくり目を動かして一言一句和訳するのではなく、**右に目を素早く動かして骨格を捉える**ことです。

so 〜 that... と同様、such 〜 that... も「とても〜なので…」という因果関係を表す際に用いられる構文です。後ろに続く品詞次第で使い分けます。

The rain was **so** heavy **that** the driver stopped the bus. 〈**so** + 形容詞／副詞〉
We had **such** a heavy rain **that** the driver stopped the bus. 〈**such** + 名詞〉

**訳▶** 先日の夜、雨が大変激しく降ったので、運転手はバスを路肩に停めなければならなかった。

 **花田 語録**

**so** と **that** のセットで因果関係を述べることができる！

**2.** Mr. Anderson was extremely nervous before giving ------- at the sales conference last November.

(A) presentational

(B) presenter

(C) present

(D) presentations

 花田ナビ

 ⏱ 解答目標タイム 10 秒

たしかに空欄には名詞が入るのですが、
空欄の前には冠詞がないですね。

空欄には直前にある動名詞 giving の**目的語**として名詞が求められています。ただ厄介なことに、選択肢には**名詞とみなせるものが複数存在**しますので、何か他に問題を解く鍵はないか？と見てみましょう。

着眼点は、空欄に**名詞が入るにもかかわらず冠詞が存在しない**ということです。例えば、We need car. っていう文章はなんだか間が抜けた感じがしますよね？そうなんです。We need **a** car. や We need **the** car. のように冠詞を使う、もしくは We need cars. のように複数形にしながら漠然と多数の車が必要であることを表したりするのが可算名詞の一般的な使い方です。

(B) の presenter、(C) の present、(D) の presentations は全て可算名詞なのですが、空欄の前に冠詞がないということは複数形が入るべきだと判断し、(D) の presentations を選択します。**give presentations / give a presentation**、いずれも「プレゼンを行う」という意味の表現としてよく使いますので是非おさえておきたいところです。

ちなみに (B) の presenter は「贈呈者、(ニュース番組などの) 司会者」という意味で、主に Part 4 などで登場します。
(C) の present は名詞としての「プレゼント (gift の方が一般的です)」より、動詞としての「提示する」の方がよく使われます。
(A) の presentational は「表象的な」という意味の形容詞ですが、TOEIC ではこの手の哲学用語が正解に絡むのは稀です。

present というスペルで形容詞的機能を持つ単語もあります。

in the **present** situation　　　　　**現在の**状況では
I was **present** at the conference.　会議に**出席**していた。

**訳▶** Mr. Anderson は、昨年の11月に販売会議の席でプレゼンをする前、極度に緊張していた。

花田
語録

**名詞**を選択する際には**冠詞**や **-s に意識**を向けよ！

**3.** Joanne plans to resign at the end of the year and start doing business for -------.

(A) she

(B) her

(C) hers

(D) herself

 解答目標タイム 10 秒

she とか her って、いったい誰のことなんでしょうね？

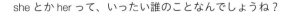

選択肢の並びから、格の問題であると判断し、空欄にふさわしい機能を構文の観点から考えていきます。

まず、空欄には直前にある**前置詞 for の目的語**が求められているので、主格である (A) の she はおかしいと判断できるのですが、まだ残りの選択肢は絞りきれません。

よって文中に更なるヒントを探してみますと、主語が Joanne (= She) であることに気付くことができます。ということは空欄で使おうとしている彼女というのは Joanne のことに他ならない、つまり**主語と目的語が同一人物**なわけですね。したがいまして、再帰代名詞である (D) の herself が正解となります。

再帰代名詞というのはなかなかよく名付けたもので、まさに「**自分が行う動作が自分自身に再び帰ってくる**」という特性を的確に表しています。主語と目的語が同一人物である場合は、(B) の her のような目的格は使えませんのでご注意ください。

このように、Part 5 では**選択肢を先に見て、文法的に秒殺できそうな問題であれば、和訳せずにサクサク解き進めていくのが王道です。それが皆さんのなかで習慣化されてくるまでは、常に「**本当に和訳する価値なんてあるのかい？**」という感じでその都度ご自身に問いかけてみるといいですよ！

再帰代名詞は大きく2つの機能を持っています。

<u>She</u> has committed **herself** to the project.　→ **目的語**として機能

<u>She</u> has finished the project **herself**.　→ **副詞**として機能

**訳▶** Joanne は年末に依願退職して、自分で商売を始める予定である。

**花田
語録**

**主語と目的語が同一人物である場合は、
目的格ではなく再帰代名詞を用いる！**

**4.** Our new facility ------- right across from the city's new convention center.

(A) is located

(B) will locate

(C) is to locate

(D) had located

花田ナビ

🕐 解答目標タイム 10 秒

時制の問題でしょうか？ それとも態の問題でしょうか？
明確なキーワードが見つかるまでガマンです！

選択肢から動詞の形が問われていることがうかがえますので、時制・態・主述の一致の観点から選択肢を吟味してみましょう。

まず時制の観点でチェックしてみますと、選択肢に3つのバリエーションが見受けられますので、時制がポイントになっている可能性は十分考えられます。

次に態はいかがでしょうか？ 能動態と受動態が揃っていますので、態の問題である可能性もありますね。

最後に主述ですが、これは全ての選択肢が facility という主語と一致しますので、候補から外しましょう。

ということで、まずタイミングを示唆するキーワードを探してみるのですが、全く見つからないどころか、別にどの時制でも良さそうに感じてしまいます。ここで態の観点に切り替えて選択肢を見ますと、本来 locate ～「～を（特定の場所に）置く」のように使うべき動詞の**目的語が後ろにない**ということがわかるので、受動態である (A) の is located が正解であると判断します。We locate our new facility → Our new facility is located となって生まれた表現なわけですね。残りの選択肢は全て能動態なので不適切とみなします。

**時制から判断できない場合、適当に選んでしまわずに、うまく態の観点に切り替えるという柔軟な姿勢を持っておきましょう。**

所在地は be located という受動態で表すことが多いですが、locate ～「～の場所を定める → ～を探す (= find)」という能動的な用法もあります。

**受**　Our headquarters is located in Tokyo. ← 本社の所在地

**能**　Can you locate my bag? ← 空港などで鞄が見つからない時

**訳▶**弊社の新施設は、市の新しいコンベンションセンターの真向かいにございます。

**後ろに目的語がない**場合は
**受動態**である可能性を探るべし！

74

**5.** The magazine is ------- its goals of nationwide distribution and one million subscribed readers.

(A) near

(B) close

(C) almost

(D) next

花田ナビ

🕐 解答目標タイム 10 秒

空欄の直後に its goals という名詞が続いていますね。

選択肢には意味的に「近い」言葉が並んでいますね。ということは、文脈からアプローチするとハマってしまう可能性が高いので、しっかり構文を見つめてみましょう。

まず空欄の前には The magazine is という主語・動詞、そして後ろには名詞 its goals と続いていますので、空欄には名詞をつなぐ前置詞として、(A) の near がふさわしいと判断できます。The magazine is near its goals で「その雑誌はゴールに近い位置にいる」→「目標達成を目前に控えている」という表現の完成です。

(B) の close と (D) の next でも near と同じように「近い」という意味は出せるのですが、

    (B) The magazine is <u>close to</u> its goals.
    (D) The magazine is <u>next to</u> the cup.

のように to とセットで前置詞句の形にする必要があります。一方で、(C) の almost は副詞なので、

    The magazine is (almost) at its goals.

のように前後で完全な文章が成り立っている場合に修飾語として機能します。

    near には前置詞の他にも様々な文法的機能があります。

    The magazine is **nearing** its goals.     ← 動詞
    A new factory will be built in the **near** future.     ← 形容詞
    The man took a step **nearer** to the door.     ← 副詞

**訳▶** その雑誌は、全国販売と百万人の購読者獲得という目標達成を目前に控えている。

 花田
語録

**near / next / close は意味ではなく、
語法で識別しよう！**

**6.** To apply for the position, e-mail your résumé together ------- a cover letter to our personnel department at apply@gigicorp.com.

(A) on

(B) in

(C) with

(D) during

花田ナビ

🕐 解答目標タイム 10 秒

空欄部分がつなごうとしている前後の名詞に注目！

選択肢には同品詞（前置詞）が4つ並んでいますので、文脈からアプローチしてみましょう。

まず注目すべきは、空欄の前後に résumé と cover letter といった「書類」という共通項を持つものが列挙されていることです。

それらを e-mail で送付するように依頼しているということは、**2つを一緒に送って欲しい**ということであろうと推察できますので、(C) の with を選択します。

直前にある副詞 together との相性もバッチリですよね。最終的には、その together とセットで X **together with** Y「X を Y と一緒に」という表現として使えるようにしてしまうのがオススメです。

また、類似表現として X **along with** Y というのもよく使われますので、是非おさえておきましょう。もともと along the river のように along は「〜にそって」というイメージを持っているので、「書類などを添えて」と言いたい場合にしっくりくるんでしょうね。

> 「添付・同封されている」ことを表す語句をいくつか列挙しておきます。
>
> I am **enclosing** my résumé and a cover letter.
> The **attached** résumé contains my e-mail address.
> A cover letter is **included** with my résumé.

**訳 ▶** 当該職へ応募される場合、貴方の履歴書にカバーレターを添えて弊社人事部（apply@gigicorp.com）宛てにメールでご送付ください。

**花田語録**

**with は「パートナー」のイメージを持っている！**

**7.** The trip to Spain was very enjoyable, but we did not have much time to explore and ------- on our own.

(A) shopped
(B) shop
(C) shopping
(D) shops

花田ナビ

🕐 解答目標タイム 10 秒

空欄直前にある and がキーワードです！

選択肢から形を定めるというタスクが明確ですので、構文上のヒントを探していきましょう。今回のキーワードはズバリ直前にある **and** です。

and は**等位接続詞**と呼ばれるのですが、通常の接続詞と異なり、節 (SV...) だけでなく単語や句もつなぐことができます。さらに、**文法的に対等の関係にある要素を並べる (パラレリズム)** という特性を持っているということを是非おさえておきましょう。

今回の問題では、and の後ろに空欄が用意されているわけですから、and の前にある語句をみて**左右のバランスをとる**ようにすればいいわけです。

方法は 2 つあるのですが、time **to explore** and **to shop** のように**不定詞でパラレル**にする、もしくは time to **explore** and **shop** のように**動詞の原形でパラレル**にすることができます。選択肢に不定詞はありませんので、正解は動詞の原形である (B) の shop ということになります。

andの他に、**or / but / rather than / as well as** などに対してパラレリズムの概念が適用されます。

We could either take a bus **or** walk to the train station.

I would **rather** enjoy hot springs **than** go skiing.

He has been writing some books **as well as** offering some classes.

**訳▶**スペインへの旅は大変楽しかったが、いろいろな所を巡ったり、買い物をする時間があまり取れなかった。

花田語録

**andを始めとした等位接続詞は
文法的に対等な関係にある要素を並べる特性を持つ！**

**8.** ------- the recent study from the National Institute of Nutrition, many people do not include enough green vegetables in their diets.

(A) Even though

(B) In case

(C) Only if

(D) According to

花田ナビ

🕐 解答目標タイム 10 秒

素早く目を動かし、全体を見渡してみましょう！

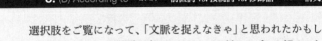

選択肢をご覧になって、「文脈を捉えなきゃ」と思われたかもしれませんが、この問題も実は**キーワード**を基にスパッと解くことができるんです。

まずは右に目を動かしながら全体像を捉えてみますと、2行目にあるカンマでいったん構文は区切れている、でもカンマの後ろには接着剤的なものがないという状況が見えてきます。

ということは空欄がその接着剤になるべきで、実際つなぎたいのは the recent study from... という名詞のかたまりなわけです。選択肢のなかで前置詞の機能を持っているのは唯一 (D) の According to です。to から構成されているというのが前置詞と感じさせる目印です。

ちなみに空欄の後ろで使われている study は名詞・動詞同形の単語で、ここでは「研究」という意味の名詞として機能しています。According to は「〜によれば」という意味なので、後ろには自ずとこういった**情報ソース**が入ってきます。

(A) の Even though は 22 ページで学んでいただいたとおり、「〜にもかかわらず」という意味の接続詞です。
(B) の In case は「〜の場合」という意味の接続詞で、**if の仲間**に入れておけばシンプルです。
(C) の Only if は「〜の場合のみ」という意味の接続詞で、これも **if** に **only** という強調語がついただけのものです。

接続詞 in case に of をつけると、in case of という前置詞になります。

You can ask me **in case** you have any question.　← **接続詞**
Do not use this elevator **in case of** fire.　← **前置詞**

**訳▶** National Institute of Nutrition が行った最近の研究で、多くの人が食生活において十分な量の野菜を摂取していないことがわかった。

花田
語録

**according to は情報ソースを持ち出しながら**
**使うことのできる前置詞!**

**9.** A three-year employment contract is
------- ready for you to sign.

(A) yet
(B) earlier
(C) now
(D) once

花田ナビ

⏱ 解答目標タイム 10 秒

時制や空欄の位置にヒントは隠されています。

選択肢から「修飾」の問題であることがうかがえますね。さて、何をどのように飾るべきなのでしょうか？

まず、選択肢に**タイミングを表す単語**が並んでいることから、時制をヒントにすべきだということはお気付きだったかと思いますが、実はもう1つ重要なポイントになるのが**空欄の位置**なんです。

空欄前後に A contract is ready という文章がすでに完成していて、飾りの機能を果たす空欄は **is** と **ready** の間に位置していますね。その位置から**現在形 is** が持つ「今」の感覚をより強調できるのは、(C) の now「現時点で」です。A contract is now ready とすることで、「契約書はもう準備できていますよ」となります。

(A) の yet「まだ」は a contract **is not ready yet** や a contract **is yet** to be ready のように用いることはできるのですが、ready の直前に入ることはできないので、位置的に不適切です。(B) の earlier は before と同様、以前起こったことを表すので、is のような現在形ではなく、過去形 was や過去完了 had been などと一緒に用いられます。(D) の once も「かつて」という意味で経験を表す時は、同じく過去形や完了形と一緒に使います。

修飾の問題では文脈が多少絡んできたりする時もあるのですが、Part5ではむしろ**文法的なヒント**を活用していった方がポイントも明確に見えてスピードも上がる時が多いので、**まずは構文からアプローチ**していくのがオススメです。

**訳 ▶** 3年の雇用契約書は、ご署名いただく準備がもう整っております。

**修飾語を入れる際はポジショニングが大事！**
**（now ready vs. ready yet）**

**10.** Students have an option ------ a
research paper for extra credit
toward their final grades.

(A) written

(B) to write

(C) write

(D) wrote

花田ナビ

🕐 解答目標タイム 10 秒

option ってどんな内容か気になりませんか？

選択肢に知っている単語が並んでいるからといって、油断は禁物！和訳ではなく、構文を見るところからスタートしてスピーディーに処理しましょう。

今回注目すべきは、空欄前の Students have an option の部分で**いったん文が完結している**というポイントです。そこへさらに情報を盛り込んでいくにあたって機能するのは、(B) の to write のような不定詞です。

例えば私が皆さんに I have a watch. って語りかけても「ふーん、それで？」というふうに流されて終わりですよね。でも、もし I have a watch **to give you**. と申し上げたら「え、マジ？見せてよ！」ってことになってきませんか？

このように不定詞には、**前にある名詞を詳しく説明する**という**形容詞的機能**があります。本文でも Students have an option「学生には選択肢がある」とだけ述べられたら、「えっ、どんな？」と思わず聞き返してしまうくらい漠然としているので、すかさず **an option to write** a research paper「論文を書くという選択肢」とより具体的に説明しているわけですね。

ついでに、動詞形 opt を使った **opt to do ～**「～することを選択する（= choose to do ～）」もおさえておかれるといいですよ。

　不定詞の形容詞的機能を例文のなかで少しご紹介します。

I respect your **decision to study abroad**.　　留学するという決断
Each employee has **a right to take a paid vacation**.
　　　　　　　　　　　　　　　　　　　　　有休を取得する権利

**訳▶** 学生たちには、総合成績の評定点を稼ぐべく、論文を書くという選択肢が与えられている。

 花田語録

**不定詞**には、**前にある名詞の補足説明をする**
機能がある！

**11.** Many critics consider the film to be one of the ------- historical documentaries on medieval Europe ever made.

(A) well
(B) best
(C) good
(D) better

花田ナビ

🕐 解答目標タイム 10 秒

比較の問題です。
キーワードは意外と後ろの方にありますよ！

選択肢には、原級・比較級・最上級が並んでいますね。意外かもしれませんが、この問題を解く決定的なキーワードは文末にある ever なんです。

Have you ever been there? でお馴染みの ever には「今までで」という意味があることをご存知の方はたくさんいらっしゃるでしょうが、これをキーワードとして活用できる方は僅かだと思います。

本文では ever made「今まで作られた中で」と述べられていますが、そこにはどんなニュアンスがうかがえますか？今まで作られたモノを振り返って、「その中で**一番**」というイメージですよね。したがって、**最上級**である (B) の best が正解となります。アメリカ人は映画を年間数十本も観て、しょっちゅう Oh, that's the **best** movie I have **ever** seen. と叫ぶので、私もいい加減この用法を覚えてしまいました。

(D) の better は比較級で、Our business has been better than ever. のように比較の対象を明確にさせながら使います。(A) の well と (C) の good は原級なので不適切です。

**空欄前に the があったから最上級を選んだ**、という方は決して悪くないのですが**ちょっと危険**ですね。その理由は本書を読み進めていただくとわかっていただけると思います。

最上級を示唆するサインに対し、敏感に反応できるようにしましょう。

**Among** the local attractions which the **largest** number of tourists visit every year, the Spanish garden is the favorite of the city residents.
↖ ～の中で一番

Masumi is **by far** the **best** translator in the house.　←ダントツで一番

**訳**▶ 多くの評論家がその映画を今まで中世ヨーロッパを描いた歴史ドキュメンタリーのなかで最高傑作の1つだとみなしている。

花田
語録

than ever のように比較対象が明示されていない限り **ever** ときたら**最上級**である可能性を探ろう！

**12.** If you miss the train to Springdale, you
------- to catch the first bus available.

(A) should try
(B) tried
(C) are trying
(D) have tried

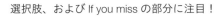

🕐 解答目標タイム 10 秒

選択肢、および If you miss の部分に注目！

選択肢から動詞の形が問われていることがうかがえますので、時制・態・主述の一致の観点から選択肢を吟味してみましょう。

まず時制の観点で見てみますと、選択肢に4種類のバリエーションが見受けられますので、時制がポイントになっている可能性は十分考えられますね。

次に、態がテーマになっているかを検証してみますと、選択肢は全て能動態で、受動態が存在しません。これではさすがに出題者も態をテストするわけにいかないでしょう。

最後に主述の一致なのですが、全て主語の you と一致するのでこれもヒントにならないですね。

ということで時制の問題であると断定し、タイミングを示唆する語句を検索してみます。すると、カンマの前にある If you miss the train という部分から、If 節のなかで**現在形を用いながら今後起こり得る状況を描いている**ことがうかがえるので、**未来へのアドバイスをすることができる** (A) should try が正解であると判断します。

(C) の are trying は現在進行形という名が表すとおり、**今現在行われていることを述べる**のが基本ですが、I'm catching the first bus <u>tomorrow</u>. のように未来のタイミングを表す語句と一緒に用いれば、未来を表すことも可能になります。

should には「〜のはずだ」という意味もあり、現在の状況も表せます。

You **should** be tired now after all that hard work.

Tom **should** know Mary's home address as he was her assistant.

**訳▶** Springdale 行きの電車を逃したら、1番早く乗れるバスに乗るようにしてください。

花田
語録

**should** を使って**未来へのアドバイス**を
することができる！

**13.** The planning department was not ------- affected by the budget revisions.

(A) direct
(B) directly
(C) directed
(D) directing

花田ナビ

🕐 解答目標タイム 10 秒

空欄前後で受け身の文章がすでに完成していますね。

選択肢から品詞の問題であると判断できますので、目を右に素早く動かしながら構文を検証していきます。

空欄の前後に The department was not affected という完全な文がすでにあることから、空欄には修飾語が入ると判断できますね。

あとは空欄のポジションから was not affected という動詞の受動態（過去分詞）を飾ることのできる副詞が必要だと判断し、-ly が付いている (B) の directly を選択できれば正解です。空欄部で目を止めてしまうと残りの (A)(C)(D) が正しいような錯覚に陥りがちですので、注意しましょう。

36ページで「副詞は動詞を修飾する」というポイントを学んでいただきましたが、ここではその応用知識として、「副詞は**動名詞・分詞・不定詞**といった**動詞出身のものも全て修飾できる**」ということをガッチリおさえておいてください。

こうやって今まで漠然とした感覚として捉えていたものを**きちんとルール化する**ことによって、自信を持って副詞を選択することができるようになり、それがスピードアップにつながれば、皆さんのスコアに自ずと反映されてくるはずです！

副詞が動名詞や不定詞も修飾するということを例文の中でご紹介します。

ABC Inc. survived without significantly **cutting** costs. ← 動名詞
This seminar is designed specifically **to teach** managerial skills.
↖ 不定詞

**訳**▶企画部は予算修正による直接的な影響を受けなかった。

**14.** The manager was determined to stay at the office until the problem had been taken ------- of.

(A) place

(B) time

(C) care

(D) part

 花田ナビ

🕐 解答目標タイム 10 秒

文脈ではなく、空欄前後の語句とセットで1つの表現を
完成させてみましょう！

この問題はズバリ空欄前にある take だけでなく、直後にある of もキーワードとしていかすことができたかどうかが鍵を握っています。選択肢の中で唯一 take や of とセットで用いることができるのは (C) の care でした。**take care of** the problem で「問題に対処する」です。同じ意味を表す **deal with / handle** the problem もおさえておきましょう。

残りの選択肢も他の言葉と組み合わせて以下のような表現を作ることができます。

(A) The event will <u>take place</u> this summer.
「行われる（= be held）」

(B) It will <u>take</u> a long <u>time</u> to finish the project.
「時間がかかる」

(D) The new assistant will <u>take part in</u> the project.
「参加する（= participate in / join）」

以上からうかがえるとおり、take と一緒に使うことはできるのですが、of を後ろに用いたりはしないんですね。**様々な表現をフレーズごとにおさえておくことで英語運用能力が高まり、TOEIC の点数にも反映される**ことがうかがえる代表例です。

take と a job を用いた表現をいくつかご紹介しましょう。

**take over** a job　　（前任者の）仕事を引き継ぐ
**take on** a job　　　（大変な）仕事を引き受ける
**take up** a job　　　（新たな）仕事を始める

**訳 ▶** 部長は問題が処理されるまでオフィスに残ると決心した。

花田
語録

**前後の語句とセット**で、**take care of** のような表現を使いこなしていこう！

**15.** ------- at the recently opened eastern
branch have reported high levels of job
satisfaction.

(A) Employee

(B) Employment

(C) Employees

(D) Employing

花田ナビ

⏱ 解答目標タイム 10 秒

この英文の動詞部分はどこでしょうか？

巷の受験者は、空欄直後の at the recently opened branch の部分を「最近開設されたばかりの支店」と和訳し、じゃあ (A) の Employee「従業員」かな？ いや (B) の Employment「雇用」かな？ というふうに貴重な時間を使ってしまう傾向にあります。でも、それはこの問題の趣旨とズレているんですね。

ここは選択肢から品詞の問題であるように見受けられますね。構文を眺めてみると、空欄には**主語**となるべき**名詞**が必要とされていることがわかります。ところが、選択肢に名詞が複数存在します。ここで動詞の形に注目すると have reported となっていることから、選択肢の中で唯一の複数名詞とみなせる (C) の Employees が正解だと瞬時に判断できるようになるわけです。

残りの選択肢は全て単数扱いなので、後ろの動詞は have ではなく has となっている必要があります。

今回残念ながら和訳しながら解いたため、**10秒以上かけてしまった方、そして和訳してしまったが故に、焦点がぼやけて間違えてしまった方**、是非その「損した！」って感覚を忘れずに次へつなげていきましょう！

主述の一致にかかわる重要パターンをいくつかご紹介しておきます。

**The plan** to build new factories **was** approved.
　　　　　　　　　　　　↖ 不定詞の後ろは補足/主役は plan

**Anyone is** eligible to use the facility.
　　　　　　　　↖ anybody/anything も全て**単数扱い**

**Organizing** seminars **requires** a lot of energy.
　　　　　　　　　　　　　　↖ **動名詞**も**単数扱い**

**訳▶** 最近開設されたばかりの東支店にいる従業員たちは、仕事に対してかなり高い満足度を感じているという報告をしてきている。

花田
語録

**主述を一致**させる際、補足情報は削ぎ落として
主役を強く認識せよ！

**16.** Many guidebooks for European countries recommend that travelers carry their passports ------- all times.

(A) as

(B) by

(C) to

(D) at

花田ナビ

🕐 解答目標タイム 15 秒

選択肢に並んでいるのは全て前置詞です。文脈のなかで
キーワードとなる言葉を素早く探してみましょう！

選択肢に並んでいるのは全て前置詞なので文脈を先行させて
アプローチしていきましょう。今回のテーマは空欄直後にあ
る all times を前の carry their passports「パスポートを携帯
する」につなぐにあたってふさわしい前置詞はどれかという
ところにあります。

all times は「どの回数でも」→「毎回」を表すので、タイミン
グを「点」で捉えるイメージを持つ (D) の at がふさわしいと判
断できます。よく時刻を述べる際に、The seminar will start
**at** one o'clock. のように「時計の針が指し示す**点**」を at で表し
ますが、それと同じイメージです。

**at all times**「時をどの点で捉えても」→「常に (= always)」
というフレーズで覚えてしまいましょう。

残りの選択肢は以下のように用いることができます。

    (A) carry their passports **as** ID.　「身分証明書として」
    (B) carry their passports **by** themselves.　「自分達で」
    (C) carry their passports **to** the airport.　　「空港へ」

以下の例文のなかで at の持つ「点」のイメージを感じ取ってみましょう。

I'm afraid Mr. Smith is out **at** the moment.

               ↖ 瞬間を点で表している

Their new ad is aimed **at** teenagers.

               ↖ ターゲット層を点で捉えている

Our sales went up **at** a higher rate.

               ↖ 変動性のあるものを点で捉えている

**訳▶** 欧州諸国向けに書かれた多くのガイドブックでは、旅行者にパスポ
ートを常に携帯することを勧めている。

**at は「点」のイメージを持っている！**

**17.** The newly opened restaurant across the street is very busy ------- the late evening.

(A) especially

(B) when

(C) throughout

(D) usually

花田ナビ

🕐 解答目標タイム 10 秒

選択肢には、前置詞・接続詞・副詞の3種類が並んでいます。

第1章で学んでいただいたことをスピードにいかし、是非ここで**時間の貯金を捻出**していきたいところです。

まずは選択肢に前置詞・接続詞・副詞が並んでいることを察知し、すぐさま空欄の位置をチェック。前後のつなぎ役が必要ですね。あとは空欄の後ろを見て、the late evening という**名詞のかたまりをつなぐ前置詞**が求められていると判断し、(C) の throughout を選択する。この一連の作業が10秒以内にできれば素晴らしいですね。

ちなみに throughout というのは through に out という飾りがくっついたような前置詞で、during「〜の間」によく似ています。ただ、**through** や **throughout** には「スルーパス」という言葉からも想像できるとおり「通り抜ける」という感覚がありますので、during よりも「**〜の間中ずっと**」という終始一貫した**ニュアンスがより強い**ものと位置づけておかれるといいでしょう。throughout the late evening で「夜遅くまでず〜っと」という感覚を表したかったわけです。

(B) の when は**接続詞**なので、**節をつなぐ**際に用いられますね。(A) の especially「特に」と (D) の usually「普段」は -ly の部分からうかがえるとおり**副詞**なので、前後の要素をつなぐ**機能は持っておらず**、不適切となります。

以下の5つは全て期間を表しますが、品詞で分けておくのが重要です！

**during / for / through / throughout** vs. **while**

　　　　　　　前置詞　　　　　　　　　　　　　接続詞

**訳▶**通りの向かいに新しくできたレストランは夜遅い時間までずっと大変混雑している。

花田
語録

**through** や **throughout** は
期間を表す**前置詞**として機能する！

**18.** Not ------- has the new foreman
increased production, but he has also
raised employee morale.

(A) all

(B) soon

(C) yet

(D) only

花田ナビ ⏱ 解答目標タイム 10 秒

キーワードはカンマ以降にあります。

空欄直前にある Not との相性だけを考えると複数の選択肢が正しいように感じてしまうところですが、もっと視野を広げてカンマの後ろまでチェックしてみると、見え方が変わってきませんか？

そうです、キーワードは but、そしてさらに後ろにある also だったんですね。それが認識できれば、(D) の only を選択して **Not only ～ but also…**「～だけでなく…も」という構文を完成させることができます。残りの選択肢は **but also と一緒に構文を形成できない**ので**不正解**となります。

68 ページでも申し上げましたとおり、離れているキーワードを捉えるべく目を右に早く動かせば、後ろにあった but also が認識できるようになりますよね。

ちなみに、**only** の部分を **just** や **simply** に、そして **also** の部分を **as well** や **too** に置き換える（もしくは省略する）パターンもありますので、頭の片隅に置いておかれるといいでしょう。

また、余裕のある方は、本文において否定語 Not が文頭に置かれたため、直後で S has increased が has S increased と倒置されている（詳しくは後ほど紹介します）ことにも注目してみると勉強になりますよ。

24 ページでご紹介した構文リストの続きです。

**not only** X **but also** Y…    X だけでなく Y も…である

Y **as well as** X…    X と同様に Y も…である

**not** X **but** Y…    X ではなく Y が…である

**訳▶** 新しい現場監督は生産量を高めてきただけでなく、作業員たちの士気も高めている。

not only ときたら but also
but also ときたら not only!

**19.** Despite the slump in the auto industry, roughly seven thousand applicants attended Global Motors' first round of -------.

(A) interviews

(B) interviewer

(C) interview

(D) interviewee

花田ナビ

🕐 解答目標タイム 10 秒

空欄の前にある first と round of がキーワードです！

品詞の問題なので、先ずは右に目を素早く動かしながら構文上のヒントを探していきますと、空欄直前に of という前置詞があり、空欄の後ろはピリオドで止まっていることから、空欄には**名詞**が入ると瞬時に判断できますね。

ところが選択肢の全てが名詞の形をしているので、もう一歩踏み込んでキーワードを探してみますと、first **round** of ~ 「~の第一巡目」という表現が見えてきます。「**一巡と捉えるからには複数の要素があるはず**」と考え、**複数名詞**である (A) の interviews を選択します。これで、first round of interviews「面接の第一巡目 → 第一次面接」という表現の完成です。

実は今回の round of をはじめ、58 ページでご紹介した表現には重要な共通項があるんです。

| | |
|---|---|
| a number of employee**s** | 「複数の従業員」 |
| a set of rule**s** | 「一連の規則」 |
| a group of engineer**s** | 「技術者の一団」 |
| a couple of day**s** | 「数日」 |
| a series of accident**s** | 「一連の事故」 |
| a round of visit**s** | 「歴訪」 |

複数のものを１つのかたまりとして捉える場合、**自ずと後ろに続く名詞は複数形になる**わけですね。

-er は動作主、-ee は動作の受け手を表します。

| | | |
|---|---|---|
| **interviewer** 面接官 | vs. | **interviewee** 面接を受ける人 |
| **trainer** 教官 | vs. | **trainee** 訓練生 |
| **employer** 雇用者 | vs. | **employee** 従業員 |

**訳**▶自動車業界の不振にもかかわらず、おおよそ7千人以上の求職者が Global Motors 社の第一次面接を受けに来た。

花田
語録

**１つのかたまり**を成す表現のなかで
可算名詞を使う場合は**複数形**！

# 音読のススメ♪

## Speak out!!

**皆** さんはリーディングの学習にあたって、**書面と「にらめっこ」**しながら**頭の中で字を暗記**しようとされていませんか？

それは決して無駄にはなりません。でも、より practical（実用的）な方法が音読です。「リーディングの文章は書き言葉じゃないか！」というご指摘はごもっともなのですが、**それでもやはり音読がオススメ**なのです。以下に利点を2つだけ挙げておきます。

言語はそもそも「音」から始まり、そののちに文字という形になりました。例えば Part 4 の案内文や社内会議におけるスピーチで用いられる英語をよく聴いてみると、Part 5 ＆ 6 と同様の文章がたくさん出てきます。フォーマルな英語も、声に出して使うべき場面が多々あるということですよね。

正しいセンテンスを音読して口に馴染ませておけば、それが**定型フォーム**として身につき、それを加工することによって**イザという時に正しい英語がサラっと出せる**ようになります。

また、自分の口から発話しようとする**意識の高揚**、および**聴覚刺激**が相乗効果をもたらし、それが**記憶の定着**につながります。黙々と勉強するのではなく、**そのセンテンスを実際に**

使っている自分をイメージしながら声に出してみると**ネイティヴにどんどん近付いていける**のです。

というわけで、花田塾でも受講生の方々には授業中にどんどん音読をしていただいています。**私自身も常に音読をしながら英語と付き合ってきましたので、自信を持ってオススメできる**学習法です。

TOEIC はただ英語力を測る「物差し」テストではなく、**スタンダードな英語表現の宝庫**です。そこに我々が目指すべき「お手本」があるわけですから、テストとしての信頼度について四の五の言う前に、そこで使われているキレイな英語を習得することを先ずは目指すべきだと私は考えます。

本書に付いている音源（8ページをご参照ください）は私の立ち会いのもとに TOEIC と同じ natural speed で収録されており、しかも**イギリス英語（女性）とアメリカ英語（男性）で1回ずつ聴くことができる**ようになっています。2人とも TOEIC 公開テストの voice actor たちに負けず劣らずと言える質の高い仕事をしてくれていますので、リスニングの勉強にもなるはずです。

電車から降りてご帰宅されたら、ぜひ、音源に合わせてネイティヴになりきって speak out してみてください！

第3章

# 苦手分野を克服する 14題

この章の解答目標タイム
**2分40秒**

# 自信を持って
# 走ろう！

# Face the challenge!!

この章では**学習者の多くが苦手とする問題や避けて通りたくなるポイント**にフォーカスを当てていきます。時折、ちょっと難しく感じるかもしれませんが、焦らず、そしてあきらめずに少しずつ積み上げていきましょう。

ここを乗り越えれば**一気に旅は快適になる**ことをお約束しましょう。私も車掌として、なるべくわかりやすく解説するように努めます！

**1.** After several months of -------, Russo Corporation has decided to move its headquarters to Los Angeles.

(A) considered

(B) considers

(C) considering

(D) consideration

花田ナビ

🕐 解答目標タイム 10 秒

空欄の前に of があり、後ろはカンマで止まっていますね。

この問題は、和訳したい気持ちをおさえながら、いかに素早く仕事をさばいていけるかが勝負です。ただし、英語圏で生活したことのある方やブロークンな会話に終始している方はこのタイプの問題で足をすくわれる傾向にありますのでご注意ください。ここは意味や感覚で解かずに、以下のような2段階のロジックを踏んでいくのがオススメです。

① 空欄の前に of という**前置詞**がある
　　➡ 後ろには**動名詞**や**名詞**などがくるはず

② 空欄直後は**カンマ**で切れている
　　➡ 空欄に目的語をとる**動名詞的機能**は不要

以上2つの観点から、空欄には動名詞である (C) の considering ではなく、**ピュアな名詞**である (D) の consideration が入るべきだという判断に至ります。After several months of consideration ということは数カ月もの間、熟慮を重ねたってことですね。

勘に頼ってしまうと、たしかに (C) の considering でも良さそうな気がしてしまうのですが、もともと consider「〜を考慮する」という動詞に -ing が付いて出来上がった形なわけですから、動詞を用いる時と同様、considering <u>its size</u> のように**目的語が必要**となります。

TOEIC はこの「**名詞 vs. 動名詞**」というポイントをとても大切にしています。「難しい」「つまらない」ことのように感じるかもしれませんが、正しい英語を瞬時にアウトプットするためにはきちんと向き合っていきたい頑張りどころです。この第3章では「厄介だけど避けて通れないポイント」に触れていきます。

**訳▶** 数カ月間熟慮した末、Russo Corporation は本社をロサンゼルスへ移すことにした。

**2.** In ------- one year, our company became the second largest company in the swimsuit industry.

(A) recently

(B) alone

(C) just

(D) thoroughly

花田ナビ

🕐 解答目標タイム 5 秒

空欄直後にある one に対して
前から飾りを盛り込むことができるのは？

選択肢には修飾語が並んでいますので、具体的に何を飾ろうとしているのかを見てみると、空欄の位置から直後のone であるということがうかがえますね。

one は数詞と呼ばれるものなのですが、その**数詞を修飾する副詞**としてふさわしいのは (C) の just です。**just one year** は **only one year** と同様の表現で「たった1年」という意味になります。

(B) の**alone** にも just や only と同様「〜だけ」という意味があるのですが、In **alone** one year ではなく In one year **alone** という語順で用いますので十分注意しましょう。

(A) の **recently** は、そのまま副詞として空欄に入れることはできませんが、in recent years「近年」のように形容詞として用いることは可能です。

(D) の **thoroughly** は「隅々まで、入念に (= carefully)」という意味の副詞で、Check the document thoroughly.「書類を入念にチェックしてください」のように用いられます。TOEICでは頻出の単語なので是非おさえておきましょう。

例文のなかで just の持つ様々な機能に触れていきましょう。

**Just** a moment. / I **just** wanted to let you know I'm still here.
「ただ (= **only**)」

She **just** left. / I **just** got a call from them.
「ついさっき (= **a short time ago**)」

It's **just** right. / I love you **just** the way you are.
「まさに (= **exactly**)」

**訳**▶わずか1年で、我が社は水着業界において業界第2位の企業に成長した。

花田
語録

**just** や **only** は**数詞**を**前から修飾**することができる！

**3.** XTZ Corporation, a ------- manufacturer of mobile phones, plans to merge with Axxion Communications.

(A) leads
(B) leader
(C) leading
(D) leadership

花田ナビ

🕐 解答目標タイム 10 秒

空欄前後に、冠詞 a と名詞 manufacturer が
すでに揃っていますね。

選択肢から品詞の問題だということがうかがえますので、目を素早く動かしながら構文の全体像を捉えていきましょう。

まずは、空欄部分がカンマによって隔離された挿入句の中にある、つまり独立しているということに気付けますね。そして、空欄前後には冠詞 a と名詞 manufacturer がすでに用意されているということは、空欄には形容詞を入れて名詞を修飾してやればよいということになります。

ところが選択肢には -ive や -ful が付いているような見るからに形容詞っぽいものが見当たらない。ここで活躍するのが、**分詞**です。分詞は動詞に **-ing** や **-ed** を付けたスペルが基本形となるのですが、機能としては形容詞と同様「**飾ること**」を専門としています。

今回、a --- manufacturer の部分に修飾語として割り込んで、「どんな manufacturer なのか」を詳しく説明できる**形容詞的機能**が求められているわけですから、選択肢で唯一、分詞とみなすことのできる (C) の leading が正解となります。

a leading manufacturer「業界を牽引するような (トップクラスの) メーカー」というフレーズごとおさえておきましょう。

分詞の形は、「能動 vs. 受動」の概念で決定していきます。

the **surrounded** castle
　　→ 受 the castle is surrounded by...
「(四方が) 囲まれている城」

the **surrounding** countries
　　→ 能 countries are surrounding...
「囲んでいる国々 → 近隣諸国」

**訳▶** 業界トップクラスの携帯電話メーカーである XTZ 社は、Axxion Communications 社と合併することを目論んでいる。

花田
語録

**形容詞**と同様、**分詞**には**修飾機能**がある！

**4.** Due to the opening of our overseas outlets, sales are expected to increase by ------ ten percent next year.

(A) approximate

(B) approximation

(C) approximately

(D) approximates

花田ナビ

⏰ 解答目標タイム 10 秒

なかなか10％ピッタリというわけにはいきませんから
何か空欄に飾りを入れておきたいですね。

空欄の前後で完全な文章がすでに成り立っていることから、空欄には飾り的な要素が求められていることがわかります。

空欄の位置から、直後の ten を修飾したいという意向がうかがえるのですが、この ten のような**数詞を修飾するのも実は副詞が持つ機能の1つ**です。正解は -ly が付いている (C) の approximately「おおよそ、約」になります。

approximately は about と同様、きっかりとしない数字に対して用いられるもので、本文のように**パーセンテージの前に使われる数字**や 20,000 people のように**大きい数字をざっくりと述べる**際によく登場します。

(A) の approximate は動詞および形容詞、(B) の approximation は名詞、(D) の approximates は動詞の現在形です。

ちなみに空欄の前にある **by** は「差」を表すことのできる前置詞で、この問題文では今年度と来年度における売上の差が10%ほど生じるという見込みを立てています。

数詞を飾る機能を持つ副詞を列挙しておきます。TPOに応じて使い分けることができると素晴らしいですね。

**approximately** <u>ten</u> percent　10% を上回る／下回る両方の場合
**roughly** <u>ten</u> percent　　　　10% を上回る／下回る両方の場合
**around** ten percent　　　　　　10% を上回る／下回る両方の場合
**about** <u>ten</u> percent　　　　　10% を上回る／下回る両方の場合
**almost** <u>ten</u> percent　　　　　10% を下回る場合のみ
**nearly** <u>ten</u> percent　　　　　10% を下回る場合のみ

**訳▶** 海外に店舗を出したことで、来年度我が社の売上は約10%伸びると見込まれている。

花田
語録

**副詞は数詞を修飾することもできる!**

**5.** The research results indicate -------
parents with small children tend to
purchase more organic produce.

(A) much

(B) about

(C) that

(D) to

花田ナビ

🕐 解答目標タイム 10 秒

空欄以降がどうなっているかに注目です！

選択肢を先に見てアプローチしたか否かが鍵を握る問題です。前置詞や接続詞を中心とした複数の品詞で構成されていることがわかれば構文を中心に解いていくべきだと判断できますね。

前置詞や接続詞が並んでいることから、まずは空欄の後ろに注目していきます。すると、<u>parents</u> with small children <u>tend</u> to purchase という **SV (節)** が見受けられますので、選択肢の中で唯一の**接続詞**である (C) の that が正解となるわけです。**indicate that SV**「SV ということを示す」という表現の完成です。

(A) の much は**副詞**、(B) の about と (D) の to は**前置詞**なので節をつなぐことはできず、不適切となります。

あえてここでも申し上げます。**TOEIC ではスピードと精度のバランスがテストされています。**Part 5 では、必要とされていない限り和訳を控えながら、文法的な要素を使ってスパッと解いていくのが王道です。

 英語では日本語よりも頻繁に無生物主語が用いられますので慣れておきましょう。The research results indicate と同様の表現を挙げておきます。

The research results **show** that SV
「調査結果が SV と示す (調査結果によると)」

The paper **says** that SV
「新聞は SV と述べている (新聞に書かれている)」

His ill health **poses** problems.
「健康状態が問題を示す (健康状態が問題となる)」

**訳▶** 調査結果によると、乳幼児のいる親たちはオーガニックの農作物をより多く購入する傾向にある。

 花田
語録

**that** には **SV (節)** を伴う**接続詞の機能**がある!

**6.** Sunpool Appliances has released a new sewing machine ------- a programmable control system with a touch-screen interface.

(A) feature

(B) featuring

(C) features

(D) featured

花田ナビ

🕐 解答目標タイム 10 秒

本当に空欄部分には動詞が入るのでしょうか？
もう少し視野を広げていけば、きっと見えてきますよ！

品詞の問題なので構文をチェックしてみますと、空欄の前で Sunpool Appliances has released a machine という1つの文が既に完結していますので、**空欄以降は補足情報**という位置づけになりますね。

選択肢からうかがえるとおり、この問題では形容詞はもとより関係代名詞や to 不定詞を使わずに a machine のことを**後ろから詳細に語りたい**わけなのですが、そんなことができるのは分詞である (B) の featuring または (D) の featured です。

114ページでも少しご紹介しましたが、分詞の形を決定づけるのは態なので、能動的な使い方をすべきか、それとも受動的に用いるのかを判断するべく、空欄の後ろをチェックしてみますと a system という名詞（＝目的語）があることから、能動的に機能する (B) の featuring が正解であると判断します。

feature には have や include と同様、「〜を目玉とする、〜という特徴を持つ」という意味があり、本文でも a machine featuring a programmable control system「プログラム可能な制御システム付きの機械」とすることで商品の特性を明確に打ち出すことができています。アーティスト名で featuring 〜というのがありますが、あれも自分の曲に他のアーティストをゲストとして招いているわけですね。

このように分詞は、前にある名詞を飾りつつ、その名詞に対して後ろの補足説明をつないでいく働きをするので、**「形容詞と接続詞の機能を兼ね備えたもの」**と評することもできます。そして、今回のように**名詞を前からだけではなく、後ろから修飾できる（後置修飾）**こともおさえておきましょう。

**訳▶** Sunpool Appliances 社はタッチスクリーン式画面でプログラム可能な制御システムのついた新型ミシンを発売した。

**花田語録**　**分詞は形容詞と接続詞の機能を兼ね備えている**ような**修飾語**。前からだけでなく、**後ろからも名詞を修飾することができる！**

**7.** The manager had the staff members come to the conference room five minutes early ------- the meeting could start on time.

(A) because

(B) as soon as

(C) while

(D) so that

 花田ナビ

 🕐 解答目標タイム 20 秒

選択肢に並んでいる語句は全て接続詞なので、
文脈をいかさざるを得ないですね。

選択肢には4つの接続詞（同品詞）が列挙されていますので、空欄前後の文脈をつなぐのにどれが最も適切か？ という観点で解いていきます。

まず空欄の前は The manager had the staff members come to the conference room five minutes early「部長はスタッフを5分早めに会議室へ集まらせた」という**プロセス**、そして後ろは the meeting could start on time「会議は定刻どおりに始められる」という**ゴール**が掲げられていますので、**目標や目的を導くこと**のできる (D) の so that「〜できるように」が正解になります。

本文の **so that S can V...** のように、しばしば could / can / may といった可能性を表す助動詞が間に入ってくるということもおさえておくと、問題を解く際の目印として活用することができます。また、特にカジュアルな場面では so that の that が省略されることもありますので、ご注意ください。

(A) は because SV「S が V するので」、(B) は as soon as SV「S が V し次第」、(C) は while SV「S が V する間に」という意味なので、文脈と合致せず、不適切となります。

so that と because の違いを比較対照しながら、使い分けていきましょう！

We'll go there earlier **so that** the meeting can start on time.
↖ 目的を導く

The meeting started on time **because** we went there earlier.
↖ 理由を導く

**訳 ▶** 会議を定刻どおりに始められるようにするべく、部長はスタッフを5分早めに会議室に集まらせた。

花田語録

**so that はプロセスとゴールをつなぐ接続詞！**

**8.** We are ------- to announce that Mr. Allen Archer of the accounting department has been promoted to vice president.

(A) pleasant
(B) pleasing
(C) pleased
(D) pleasure

花田ナビ

🕐 解答目標タイム 5 秒

選択肢のもとになっているのは、please 人
「人を喜ばせる」という動詞です！

選択肢には please という動詞の派生語が並んでいます。please は **please 人**「人を喜ばせる (= make 人 happy)」のように用いる他動詞なのですが、ここでは空欄の後ろに人を表すような**目的語が存在していない**ですね。ゆえに、本来目的語であった人が We という主語として前に出され受動態になっていると考え、正解は (C) の pleased であると判断します。

We **are pleased** to announce は We **are happy** to announce に置き換えるとわかりやすいですね。ビジネスレターなどで朗報を伝える時によく用いられるもので、Part 6 などでも出題されています。大切なのは、人は**感受性**を持っていると言われるとおり、外部から電波を**受信**するわけですから、「**人の感情は受動態で表すことができる**」という点です。

残りの選択肢もよく用いられるので、例文で見ていきましょう。

(A) It was a **pleasant** evening.　　　形容詞 素晴らしい夜
(B) The weather was **pleasing** in April.　　形容詞 心地良い気候
(D) It's my **pleasure**.　　　名詞 喜び、栄誉

いずれの場合も We が主語に立つのは不自然ですね。

> please と同様、人の感情を表す際に用いられる動詞の代表例を挙げておきます。
>
> **delight 人**「人を明るい気持ちにさせる」
> 　　　　　　　　　　→ We were **delighted**.
>
> **disappoint 人**「人を落胆させる」
> 　　　　　　　　　　→ We were **disappointed**.

**訳**▶経理部の Mr. Allen Archer が副社長に昇進しましたことを喜んでご報告いたします。

**主語となっている人の感情は受動態で表す！**

**9.** Analysts are ------- that a decline in consumer spending could threaten the nation's economic recovery.

(A) instructing
(B) predicting
(C) reviewing
(D) watching

花田ナビ

⏱ 解答目標タイム 15 秒

単語の意味や文脈に騙されないようにしましょう！

この問題では、文脈をいかしながらアプローチしても選択肢に並んでいる動詞はどれも意味的に良さそうな気がしてしまいますね。こういう時は、**早い段階で構文・キーワードのアプローチに切り替えて、文法的な観点で検証していくのがオススメ**です。

ズバリ着眼点は、空欄の後ろにある that a decline could threaten... の部分で、選択肢では唯一 that SV を目的語とする語法を持つ (B) の predicting が正解となります。predict という**単語だけでなく、predict that SV「SV であると予想する」という語法ごと**おさえておきましょう。

これはまさに我々ノンネイティヴが不得手とするポイントの1つで、英語を使いこなせない弱点がこういう問題で露呈してしまいます。残りの選択肢も単語の意味だけでなく、**語法までマスター**しておけば、ひっかけにあわなくなるはずです。

(A) の instructing は **instruct someone**「人に教える (= teach)」、(C) の reviewing は **review something**「何かに目を通す」、(D) の watching は **watch something/someone** のように人やモノにあたる名詞を目的語にとりますが、直接 that 節は伴わないので不適切です。

predict と同様、that 節を直接とる動詞の代表例を挙げておきます。

**announce** that SV　　SV と述べる
**suggest** that SV　　SV と提案する／示唆する
**request** that SV　　SV を求める
**require** that SV　　SV を求める

**訳▶**アナリストたちは、消費者支出の低下が国家の景気回復を脅かす可能性があると予測している。

花田
語録

**predict は that 節を直接とることができる**
といった**語法を大切にしていこう！**

**10.** The customer service department has frequently received questions ------- pollution and the environment.

(A) regard
(B) regarding
(C) regards
(D) regarded

花田ナビ

🕐 解答目標タイム 15 秒

この文章の区切りがどこであるのかを認識すると
突破口が見えてくるかもしれませんよ！

品詞の問題なので構文をチェックしてみますと、空欄の前で The customer service department has frequently received questions という1文が既に完結していることに気付けます。

空欄直前の名詞 questions のことを具体的に説明する機能を持っているのは、**分詞**である (B) の regarding と (D) の regarded ですが、空欄の後ろに **pollution and the environment** という**目的語がある**ことから、能動的に機能する (B) の regarding が正解であると判断します。regard にはもともと「〜に関係する」という意味があるため、regarding 〜で「〜に関連するような」となるわけです。

ここで皆さんにはちょっと新たな角度で見ていただきたいと思います。というのは、今回の regarding のように後ろの名詞をつなぐ機能を頻繁に果たすようになると、「**生まれは分詞だが前置詞としてみなしてしまおう**」ということになるのです。今では大半の辞書で regarding は前置詞と位置づけられているのが実情です。本文でも空欄の後ろにある pollution and the environment という名詞を前につなぐという前置詞的な役割を果たしていますよね。オススメは **regarding は about と同じような前置詞**と捉えておくことです。

---

regarding の仲間をいくつか列挙しておきます。**全て前置詞です。**

**concerning** pollution and the environment
　　　　　　　　　　　　↖ **regarding** と並んで頻出

**with regard to** pollution and the environment
　　　　　　　　　　　　↖ **regarding** の変化形

**in regard to** pollution and the environment
　　　　　　　　　　　　↖ **regarding** の変化形

**訳▶** 顧客サービス部は環境汚染に関する問い合わせを頻繁に受けている。

---

**花田語録**

**regarding** や **concerning** は**分詞生まれの前置詞。**
ゆえに**名詞を前につなぐ機能**を持つ！

**11.** If the shopkeeper had not offered a discount, Shelly ------- the jacket yesterday.

(A) will not buy

(B) will not have bought

(C) would not buy

(D) would not have bought

🕐 解答目標タイム 10 秒

If 節のなかで使われている動詞の形に注目です！

この問題は、if 節のなかで使われている動詞の形に注目です。

If S **had** not offered a discount と過去完了が用いられている
ということは、今後の話ではなく**過去にさかのぼってその時の様
子を思い浮かべながら**「あの時〜だったら、…だったであろう」と
**仮の世界を描いている**わけですね。これがいわゆる仮定法過去完
了と呼ばれるものです。まぁ、そんな文法用語はどうでもいいん
ですが、とにかく以下の定型フォームをおさえてしまいましょう。

> We **could have left** the office sooner
> if the heavy snow **had stopped**.

if 節の中で **had** ＋過去分詞、主節では **could have** ＋過去分詞
(could の代わりに **should** や **would** も用いられます)。もうこ
れに関しては「なぜそういう形なの?」という理屈よりも、こ
れが基本形ということでおさえてしまった者勝ちです。

本文でも if 節で **had** not **offered** となっていることを受け、
**would have** ＋過去分詞で形成されている (D) の would not
have bought を選択すれば正解です。「値引きしてくれなかっ
たら、買わなかった」、つまり裏を返せば、「値引きされたから、
買った」わけですね。人間は時に「〜じゃなかったら」と**人生に
おけるターニングポイントを振り返る**もので、その際の「あの時
〜だったら」にこの仮定法過去完了が大活躍します。

もし高級ブランド店などにいて、到底値引きなど期待できない
ような状況にあれば If they offered a discount, I would buy
the jacket.「まずあり得ないが値引きしてくれれば買うのに」と
現実のもどかしさを嘆くこともできます (仮定法過去)。

**訳▶** 店員が値引きをしてくれなかったら、Shelly は昨日そのジャケット
を購入していなかっただろう。

**12.** Ms. Towne is a well regarded Internet expert, having ------- numerous Web sites for a diverse array of clients.

(A) design

(B) designs

(C) designer

(D) designed

花田ナビ

🕐 解答目標タイム 15 秒

空欄直前の having と後ろにある numerous Web sites の位置づけが明確になれば答えは見えてくるはずです！

品詞の問題なので構文をチェックしてみますと、カンマでいったん切れて、その後に having と続いていますね。実は、もともとこの筆者には言いたいことが2つあったんです。

Ms. Towne is a well regarded Internet expert.
Ms. Towne has --- numerous Web sites for clients.

でもなるべくなら1つの文にまとめてしまおうということで、

Ms. Towne is a well regarded Internet expert,
having --- numerous Web sites for clients.

というふうにカンマで流しながら、Ms. Towne has を having に端折ったわけです。この成り立ちがわかってくれば、空欄には **having** と一緒に現在完了形を形成し、後ろに続く名詞 **numerous Web sites** を目的語とする (D) の designed がふさわしいと判断できるようになります。

これは俗に「分詞構文」と呼ばれているものなんですが、名前から感じられるほど大して難しいものではないということが皆さんに伝われば幸いです。空欄前で完結している文章に対して、カンマ以降は更なる情報を加えているにすぎないわけです。重要なのは「分詞は形容詞と接続詞の機能を兼ね備えている修飾語である」という基本スタンスを失わないこと。それができればネイティヴが使うような長い文を読んだり聴いたりすることも抵抗なくできるようになってきますヨ！

 分詞は「飾り」ですから、後ろだけでなく前に置くことも可能です。
Ms. Towne is an Internet expert, **having designed** numerous Web sites.
**Having designed** numerous Web sites, Ms. Towne is now an Internet expert.

**訳▶** Ms. Towne は高い評価を受けているネットのエキスパートで、これまで幅広い顧客層向けに数々のウェブサイトのデザインを手掛けている。

 花田語録　**分詞構文**も前後の文に対する**飾り**。上手に付き合おう！

**13.** Manhattan is a place ------- many restaurants serve customers at all hours of the day or night.

(A) that

(B) where

(C) which

(D) who

花田ナビ

🕐 解答目標タイム 15 秒

空欄の後ろの文構造に注目！
何か欠けている要素はありますか？

選択肢には関係詞が並んでいますね。関係詞の問題を解く時のコツは、空欄の前後をどのようにつなごうとしているのかを確認するべく、後ろに続いている要素の文構造に注目することです。

もし空欄の後ろで主語や目的語が欠けていたら、主語や目的語の機能を果たす**名詞的機能**が空欄に求められていることになりますので who / which / that / what のような**関係代名詞**が入ります。一方で、空欄の後ろで文の構成要素が揃っていれば、**副詞的**な飾りの役割を果たす when / where / how / why といった**関係副詞**の出番となります。

この問題では空欄の後ろに many restaurants serve customers という**主語・動詞・目的語が揃った完全な文**が出来上がっていますので、関係副詞である (B) の where が正解となるわけです。

関係代名詞である (A) の that や (C) の which は In Manhattan, there are many restaurants that/which serve sushi. のように動詞 serve の主語や目的語となるような名詞機能が求められている時に活躍します。

関係副詞 when と関係代名詞 which / that の違いもおさえておきましょう。

Summer is the season **when** <u>children have a long vacation.</u>
↖ 完全な文
Summer is the season **which** <u>children like the most.</u>
↖ like の目的語が必要

**訳▶** Manhattan は多くのレストランが昼夜関係なくずっと営業している場所である。

花田
語録

   where や when は**関係副詞**としての機能を持っており、
   後ろに**文の要素が揃っている**状態で用いられる！

**14.** Mr. Hearn asked his secretary to bring
------- copy of the report to the conference
room.

(A) another
(B) each other
(C) other
(D) one another

花田ナビ

⏱ 解答目標タイム 10 秒

空欄直後にある copy の形や数に注目！

選択肢には修飾語が並んでいますが、意味や文脈で考えるとどれも良さそうに見えてしまうので注意したいところです。

まず空欄に求められているのは直後にある名詞 copy を飾る**形容詞的機能**なので、この時点で (A) の another と (C) の other の2つに絞ることができます。

ここで認識したいのは copy という可算名詞が**単数形**で、かつ**冠詞が付けられていない**という2点で、そこから (A) の another が正解であると判断できます。

実は another という単語には、**an + other = another** という生い立ちがあります。不定冠詞 an が持つ「どれか1つ」と other が持つ「他の」というイメージが合わさったものなので、「**どれか他の1つ**」という意味になり、当然後ろには「**1つのかたまり**」と捉えられるような名詞が続くわけです。本文でも another copy of the report で「そこにドサッと置いてある報告書のうちどれでもいいから1部」という感覚が表されていますね。

(C) の other を可算名詞 copy と一緒に使う場合、other copies や the other copy のように使います（詳しくはサプリご参照）。

ちなみに、(B) の each other と (D) の one another は「お互い」という意味の代名詞として機能するものです。

---

以下は全て「他の」ですが、比較対照しながら使い分けていきましょう。

| | |
|---|---|
| **another** copy | ← どれか他の1部 |
| **other** copies | ← 不特定多数 |
| **the other** copy | ← 2部あるうちのもう片方 |

**訳 ▶** Mr. Hearn は報告書をもう1部会議室へ持ってくるよう秘書に依頼した。

---

花田
語録

**another と other の見極め所は
名詞の単・複と冠詞！**

第 4 章

意外な落とし穴を回避する 22 題

この章の解答目標タイム
4分15秒

道程を見直して
みよう!

# Trick or Treat

この章では、**正解できているつもりでミスしてしまいがちな問題**や**実力者も思わず足をすくわれてしまうタイプの問題**をご紹介していきます。

**答えにたどり着くまでの走り方をしっかり見直していくところ**から一緒にスタートしていきましょう！

**1.** A large ------- of fish and sea mammals inhabit the coral reef off the western coast of the island.

(A) vary

(B) varying

(C) variety

(D) variation

花田ナビ

⏱ 解答目標タイム 10 秒

A ------- of の形で使えるのはどれでしょうか？

まず、構文先行型アプローチで SV という骨組みを捉えてみますと、A large --- of fish and sea mammals までが主語、inhabit が動詞であると認識することができます。

よって空欄には主語として機能する名詞が入るべきだと判断できるのですが、選択肢には複数の名詞相当語句が存在するので更なるヒントを模索していくと、空欄の前後に A と of が存在していることから、(C) を選択して A large variety of~「多くの種類の~」という表現を完成させるのがふさわしいとみなします。

(D) の variation も名詞なので、品詞的には問題ないのですが、以下のように使います (variety と比べてみましょう)。

a lot of **variation** in color      色彩における違い
a large **variety** of colors       豊富な色

(B) の varying は動名詞とみなすこともできるのですが、動名詞に対して冠詞 A はつけないので不適切となります。(A) の vary「変わる」は動詞の原形です。

以下に、a large variety of ~の類似表現を列挙しておきます。

**a large variety of** fish
**a large range of** fish          多くの種類の魚
**a large selection of** fish

**a wide variety of** fish
**a wide range of** fish          多くの種類の魚
**a wide selection of** fish

**訳▶** 多くの種類の魚や海洋哺乳類が島の西海岸沖に広がるサンゴ礁に生息している。

**variety** と **variation** の違いは
それぞれの**使い方**にあり！

**2.** ------- wishing to be considered for the opening should submit an application to the personnel department.

(A) They

(B) Who

(C) That

(D) Those

花田ナビ

⏱ 解答目標タイム 10 秒

空欄には直後の分詞 wishing によって修飾される
名詞が入ります！

空欄には動詞 should submit の主語が入り、それを直後の wishing～opening が修飾しているという図式をまずはとらえたいところです。

wishing は分詞なので、空欄には wish「望む」という動作ができる人で、かつ分詞によって後ろから修飾されることのできる名詞が入るべきだと判断できます。選択肢の中で、その条件を満たすのは唯一、(D) の Those です。**Those** は **People** と同様、**不特定多数の人々を表すことのできる代名詞**で、漠然としているがゆえに、wishing などの分詞によって**後ろから限定修飾される傾向**があります。

(A) の They は**すでに示された特定の人々**（またはモノ）のことを指す代名詞で、You/She/He/We と同様、後ろから分詞で限定修飾されるべきものではありません。

(B) の Who や (C) の That は関係代名詞とみなすことはできますが、まず空欄の前に**先行詞が必要**となりますね。そして仮に Employees という名詞を前に置いて文章を作ったとしても Employees who/that <u>wish</u> to... もしくは Employees who/that <u>are wishing</u> to...とすべきです（who are や that are の are だけを省略することはできませんのでご注意ください）。

Those を用いて以下のような文章を作ることが可能です。

**Those who wish** to be considered for the position should submit an application.

**Those wishing** to be considered for the position should submit an application.

**訳 ▶** 空いているポストの候補者として名乗りを上げたい方は、人事部宛てに申請書を提出してください。

**those** は **people** と同様、
**不特定多数の人**を表す**代名詞の働きもする！**

**3.** Because of the Internet, information can be accessed ------- than at any time in the past.

(A) easier

(B) more easily

(C) easiest

(D) most easily

花田ナビ

🕒 解答目標タイム 10 秒

比較と品詞の複合問題です。
ひっかけにあわないように注意しましょう！

この手の問題は簡単そうに見えて、フッと足をすくわれがちなので注意しましょう。選択肢を吟味するところからスタートして、ロジカルにアプローチしていくことが重要です。

先ずは選択肢を比較級と最上級の2つに分類できますね。空欄の後ろに than at any time in the past とありますから、比較級である (A) の easier と (B) の more easily の2択に絞ることができます。

さて、easier と more easily の違いは何でしょうか？ これは意外と気付きにくいのですが、easier は形容詞 **easy** の比較級、more easily は副詞 **easily** の比較級です。つまり (A) と (B) の違いは品詞にあるので、構文上どちらの品詞が求められているかを判断すれば答えは出てくるということですね。

カンマ以下の構文に注目してみますと、information can be accessed という受け身の文章が完結した後に空欄は位置しているので、can be accessed という動詞部分を修飾するべく、空欄には副詞の比較級である (B) の more easily がふさわしいとみなします。比較と品詞のコラボレーション的な問題でした。

これは和訳しながら解こうとしたり、「何となく sounds good だから」と勘に頼ったりすると大変ハマりやすい問題です。一方で、上述のように2段階のロジックを踏みながらアプローチしていけば、着実に正解へ到達できるうえ、寄り道をしていないので時間の短縮にもつながってきます。

**訳▶**インターネットのおかげで、過去のどの時点と比べてもより簡単に情報は入手できる。

**花田語録**

**複数の文法要素が絡み合っている問題は、とりわけ冷静、かつロジカルに解くように心掛けよう！**

**4.** The internship offers an opportunity for gaining valuable experience ------- those wishing to enter the film industry.

(A) at

(B) of

(C) to

(D) by

花田ナビ

🕐 解答目標タイム 15 秒

実は、前のほうにある offers がキーワードなんです！

この問題は視野を広く保ちながらキーワードを認識できるかがポイントなのですが、なかなかネイティヴの書く文章は長くて困りますね。

コツは構文中の骨となる部分だけを頭に残し、形容詞や副詞などの飾りや前置詞がつなぐ補足情報は頭の中でカッコに入れ、それを思い切って無視してみることです。

The internship offers an opportunity (for ～ experience) --- those...いかがですか？キーワードが見えてきませんか？

そう、ズバリ offers がキーワードです。offer は give と同じく「与える」という意味で、しかも give と同様「**offer モノ to 人**」もしくは「**offer 人 モノ**」という使い方をします。

この問題では offer の後ろに an opportunity というモノ、そして空欄の直後には those (= people) という人があるので、空欄には「到達」のイメージを持つ (C) の to がふさわしいと判断します。**offer an opportunity to those wishing**～「～を望む人々にチャンスを与える」という表現の完成です。

「到達の to」を用いた表現をいくつかご紹介します。

| | |
|---|---|
| submit X **to** Y | X を Y へ提出する |
| transfer X **to** Y | X を Y へ移動／人事異動させる |
| allocate X **to** Y | X を Y に割り当てる |
| attribute X **to** Y | X が起きたのを Y に関連づける |
| entitle X **to** Y | X に Y への権利／資格を与える |

**訳▶** そのインターン (実習訓練) 制度は、映画業界に進みたいと考えている人々に対し、貴重な経験を得る機会を与えるものである。

花田
語録

**offer** の先には、しばしば**到達の to** が待っている！

146

**5.** Our company is committed to -------
natural resources via recycling programs
and increased efficiency.

(A) conserving

(B) conserve

(C) conservation

(D) conserves

花田ナビ

🕐 解答目標タイム 10 秒

空欄の前にある to と直後にある natural resources は
それぞれどのような機能を果たしているでしょうか？

品詞の問題なので構文上のキーワードを探してみると、直前に to があるので、動詞の原形である (B) の conserve を選択して不定詞にすればよいという気がしますよね？ でも、実はそこが落とし穴なんです。

視野を広げてもう少し前を見てみると、Our company is committed to とありますが、これはもともと commit 〜 to…「〜を…に傾倒させる」という表現が受動態になったものです。つまり、この to は意識の「到達先」を表しており、どんなことに対して傾倒しているのかを示す前置詞と捉えるべきだったのですね。

よって、名詞相当語句である (A) の conserving もしくは (C) conservation が候補に残るのですが、空欄には直後の名詞 natural resources を目的語にとる機能も求められていますので、最終的に**動名詞**である (A) の conserving を選択することとなります。(C) も conservation of natural resources とすれば文法的に正しい使い方になり得ます。

ちなみに、commit の名詞形である commitment は最近カタカナで使われる機会も増えてきましたが、まさに「心掛け、責任」という企業精神を表す単語ですね。

commit と同様の意味と語法を持つ単語を2つご紹介します。

Our company **is dedicated to** conserving natural resources.

Our company **is devoted to** conserving natural resources.

**訳▶** 弊社はリサイクル活動や業務の効率化を行うことにより、天然資源の保全に努めております。

---

花田
語録

be committed to の to は**前置詞**なので、
後ろには**名詞**や**動名詞**などが続く！

148

**6.** The president suggested that the company Web site be updated ------- two weeks.

(A) less

(B) every

(C) most

(D) much

花田ナビ

⏱ 解答目標タイム 10 秒

最初に「これだ！」って思った直感を信じてみてください！

この問題で皆さんが悩んでしまうお気持ちはよくわかります。答えが見えかけているのに two weeks の s が気になって仕方がないわけですよね？

でも自信を持って選びましょう。正解は (B) の every です。

今まで「every や each の後ろは単数形じゃなきゃいけない」と教わってきた方はたくさんいらっしゃると思います。でも、それは非常に乱暴な言い方で、語弊があります。本書の50ページで私がこう書いたのを覚えていらっしゃいますか？

**「every や each は後ろにくる名詞を個（1つのかたまり）として捉える」**

この問題でも、直後にくる名詞 two weeks を「1つのかたまり」として頭のなかでくくったうえで、**every two weeks**「2週間という単位がくる度に」→「2週間ごとに」という表現になるわけです。

ちなみに問題文では、that 節のなかで the company Web site be updated という1つの文章が完結していますので、その後に続く every two weeks は前の文全体を修飾する**副詞**として機能しています。これは every day や every month と同様の使い方です。

(A) の less は <u>less than</u> two weeks「2週間足らずで」、(C) の most は <u>most of</u> the week「その週の大半」、(D) の much は We don't have <u>much time</u>. のように用いることができます。

**訳**▶社長は会社のウェブサイトを2週間おきに更新するよう提言した。

**花田語録**

**every** は後ろにくる名詞を
個（1つのかたまり）としてくくる**形容詞**！

**7.** We would prefer that the new office equipment ------- outside of our usual business hours.

(A) be installed
(B) to install
(C) has installed
(D) will install

花田ナビ

🕐 解答目標タイム 10 秒

時制と態の双方向アプローチを試みてみるといいですよ！

この問題を解くにあたってキーワードとなるのは、スバリ空欄の前にある prefer です。

この prefer という動詞は prefer that SV「SV となれば好ましい」という形で使いながら頭の中で描いている理想を述べることができ、prefer that SV の V には**動詞の原形を使う**というルール（仮定法現在）が適用となります。

また本文では、空欄の後ろに**目的語がないことから受動態になる**べきだということもわかりますので、動詞の原形が受動態で用いられている (A) の be installed が正解になります。

残りの選択肢は受動態でもなく、かつ動詞の原形でもないので不適切とみなします。

この問題は態のコンセプトだけでも唯一の受動態である (A) にたどりつくことはできるのですが、いきなり主語の直後に be installed という原形がきても違和感を覚えないようにも、仮定法現在のルールを把握しておくとプラスになります。どうしても違和感がある方は、理想を述べる際にしばしば用いられる**助動詞 should** を挟んで **the equipment should be installed** のように考えてみるのも１つの手です（実際、イギリス英語を中心に should が入っているケースもあります）。

仮定法現在が適用になる動詞をいくつか列挙しておきます。全ての動詞に「〜すべき」という概念があることを感じ取ってみてください。

suggest / recommend / propose / advise / ask / require / demand
request / prefer / urge / insist / order / command / mandate

**訳▶** 新しいオフィス機器はなるべく私どもの営業時間外に設置していただけますようお願い申し上げます。

花田
語録

**頭の中で描いている理想論を展開する際には、
仮定法現在（動詞の原形）が用いられる！**

**8.** ------- employees eat in the break room,
they should make sure to properly dispose
of any garbage.

(A) Always

(B) Following

(C) Nowadays

(D) Whenever

⏱ 解答目標タイム 10 秒

品詞を定めたら、その後は消去法で解きましょう！

選択肢からは、なかなか出題者の意図が探りにくいところなのですが、1つ言えるのは意味が似通っているので、**文脈を先行させながら解くのはお得じゃない**ということです。

構文先行型アプローチで全体を見渡してみますと、カンマで分断されている前後のパーツをつなぐべく、空欄には接続の機能が求められていることがわかります。この時点で、副詞である (A) の Always「いつも」と (C) の Nowadays「この頃」を消去できますね。

空欄には後ろの employees eat... という**節をつなぐ機能**が求められていますので、(B) の Following と (D) の Whenever を天秤にかけて「どちらが接続詞っぽいか?」と考えてみますと、やはりここは When というスペルが入っている (D) の Whenever がふさわしいという判断に至ります。**when SV**「S が V する時」に ever というオマケがついたのが **whenever SV**「S が V する時はいつでも」で、**両方とも接続詞と捉えておけばシンプル**です。

(B) の Following には the **following** conversation のような**形容詞的機能**や **Following** the speech「スピーチに続いて」といった**前置詞の機能**はありますが、接続詞の用法はありません。

---

-ever を使った表現をいくつかご紹介します。

**Wherever** you go, I'll be with you.　　　(= **No matter where** you go,)
**Whatever** you want, I'll give it to you.
　　　　　　　　　　　　　　　(= **No matter what** you want,)
**However** hard you try, you can't change it.
　　　　　　　　　　　　　　　(= **No matter how** hard you try,)

---

**訳 ▶** 休憩室で食事をする時はいつも、従業員は必ずゴミをきちんと廃棄するよう心掛けるように。

花田
語録

**whenever** は **when** と同様、**接続詞**として機能する!

**9.** There are too many candidates to speak with here today, so several interviews will be ------- at company headquarters next week.

(A) notified

(B) nominated

(C) conducted

(D) reminded

空欄には動詞が求められているのですが、本文は受動態になっているため、目的語が主語として前に出されていますね。この手の問題を解く時のコツは、なるべく厳密な判断ができるように、もう一度目的語をもとの位置に里帰りさせ、**能動態で考えていく**ことです。

本文は interviews will be --- という受動態になっていますが、interviews を目的語の位置に戻して --- interviews という能動態にします。この時点で選択肢 (A) から順番に当てはめてみると、(C) を入れて **conduct interviews**「面接を行う」とするのが最も自然であると判断することができます。

conduct の名詞形 conductor には「指揮者、車掌、案内役（ツアーコンダクター）」という意味があるのですが、lead（引っ張る）というイメージが漂っていますね。**conduct interviews** も「段階的に面接を進めていく」→「面接を行う」というイメージでおさえてみてはいかがでしょうか？

残りの選択肢は以下のように用いられます。

(A) candidates will be notified → **notify candidates**
「候補者に知らせる（**人**や**会社**が目的語となる）」

(B) candidates will be nominated → **nominate candidates**
「候補者を選出する（**人**や**作品**などが目的語となる）」

(C) candidates will be reminded → **remind candidates**
「候補者に思い出させる（**人**や**会社**が目的語となる）」

**訳**▶本日はこちらでお話をさせていただく候補者の方々があまりにも大勢いらっしゃいますので、一部の面接は本社にて来週行われることとなります。

花田
語録

**受動態で考えづらい時は、能動態に戻してみよう！**

**10.** A sales ------- unexpectedly dropped by headquarters, asking to meet with the head of the purchasing department.

(A) represent

(B) representative

(C) representing

(D) representation

花田ナビ

⏱ 解答目標タイム 10 秒

空欄には直前の sales とセットで使われる言葉が入ります。

本文の骨組みを捉えるにあたって空欄で目を止めてしまうと、A sales が主語で空欄が動詞のように見えてしまいますが、きちんと後ろまで走り抜ければ **dropped** が本家本元の動詞であるということがわかってきますね。

空欄も含めた上で**主語を形成**するにあたって、やはり**名詞**が必要になるのですが、選択肢には複数の名詞が見受けられるので、この問題はなかなか答えが見えにくいですね。

是非いかしていただきたいのは直前の sales という単語で、空欄にはそれと極めて相性の良い (B) の representative が入ります。representative は **-tive** が語尾に付きながら名詞としても機能する珍しい単語なのですが、「組織を represent (代表) する人」→「代表者／担当者」というビジネスにおいて重要な語彙です。

ここは名詞 sales が名詞 representative を修飾していると考えるよりも、むしろ**2つの名詞が1つのかたまり (名詞句)** を成していると捉えておくのがオススメです。**a sales representative**「営業担当者」というフレーズとして、何度か音読しながらモノにしてしまいましょう。

ちなみに drop by は「立ち寄る」という意味の表現で、stop by や come by と同様、リスニングでも頻出です。

名詞と名詞で1つのフレーズができている例をご紹介します。

an **application fee** 　申込費用
a **performance review** 　働きぶりに対する評価 (人事考課)
an **expansion plan** 　拡張計画
a **safety precaution** 　安全策

**訳** ▶ 営業担当者は不意に本社へ立ち寄り、購買部の部長との面談を求めた。

**花田語録**

**a sales representative** で**1つの名詞句**と捉えよ!

**11.** ------- we expand internationally or continue operating only domestically depends on the results of the upcoming cross-border trade negotiations.

(A) Whichever

(B) Neither

(C) Whether

(D) Even

花田ナビ　　　　　⏱ 解答目標タイム 10 秒

1〜2行目が長い主語。その中にキーワードもありますよ！

選択肢には「どちらか」「どちらも」という似た意味の言葉が散見されますので、構文上のキーワードを探してみますと1行目に or が見つかります。その or を基点に前後には対照的な語句が使われていますので、(C)の Whether を選択して **Whether X or Y**「XもしくはY」とするのがふさわしいと判断します。24ページでご紹介したとおり、パートナーを素早く探すことが重要です。

(A)の Whichever「どちらでも」は You can take **whichever** you like. のように like という他動詞の**目的語**になるような**代名詞的機能**を果たしたり、**Whichever** route you take, it will take at least one hour. のように名詞 route を**修飾**するような**形容詞的機能**を果たします。Whichever ではなく Which であれば、**Which** do you prefer, coffee **or** tea? のように or と一緒に用いることができます。

(B)の Neither は **neither** X **nor** Y「XもYも〜ではない」のように、or ではなく nor と一緒に用いられます。

(D)の Even は「〜さえ」という意味の**副詞**で、**Even** we can expand our business や We can expand our business **even** more のように修飾語として様々な場所に入り得るのですが、本文のように or と呼応させて使わないので不適切となります。

whether の後ろを SV ではなく**不定詞**にしたり、or の**位置が変わる**パターンもありますので、以下の例文で慣れておきましょう。

I wonder **whether** I should call her **or not**.　← SV を伴うパターン
I wonder **whether** to call her **or not**.　← 不定詞を用いたパターン
I wonder **whether or not** to call her.　← 位置を変えたパターン

**訳▶**我が社が国際的に（事業を）拡大するか、それとも国内だけで事業を維持し続けるかは、国境線を越えて来る貿易交渉の結果による。

花田
語録

**whether は or と呼応する！**

**12.** As he has saved a substantial amount of money, Mr. Leon will be establishing ------- company next month.

(A) on his
(B) he
(C) himself
(D) his own

解答目標タイム 10 秒

空欄の前後には動詞と目的語がすでに揃っていますね。

選択肢の並びから、**格**の問題だと判断できますので、まずは空欄が入っているカンマ以降の構文を優先的にチェックしてみます。

すると、Mr. Leon will be establishing company と、空欄の前後で完全に文の要素は揃っているということがわかりますので、空欄には直後にある**名詞 company** を修飾する形容詞的機能が求められていると判断できますね。

本来であればここに所有格の his が入ればよいところなのですが、選択肢には his が存在しないのでその代替として、(D)の his own を選択します。company という名詞に対し、**his** と **own** の２つがダブルで飾りをつけて his own company「彼自身の会社」というフレーズを作り上げていますね。

(A) は his が使われているので一瞬良さそうに見えますが、on が入ることにより、他動詞 establish と文法的に噛み合わなくなってしまいます（establish on a company ではなく、establish a company のように用います）。

「自ら事業を始める」ことを表す様々な表現に触れておきましょう。

Mr. Leon started **his own** company.    ← 所有格を使用
Mr. Leon started a company **on his own**.    ← 所有格を使用
Mr. Leon started a company **by himself**.    ← 再帰代名詞を使用
Mr. Leon started a company **for himself**.    ← 再帰代名詞を使用
Mr. Leon started a company **himself**.    ←再帰代名詞のみを使用

**訳▶** Mr. Leon は相当な額の貯金をしてきたので、来月自分の会社を立ち上げることにしている。

**花田 語録**

**所有格**と **own** を重ねた表現にも慣れておこう！

**13.** Although a sudden, heavy rainfall is helping firefighters control the blaze, it almost certainly will ------- the investigation into what caused the fire.

(A) wait

(B) delay

(C) remain

(D) occur

花田ナビ

🕐 解答目標タイム 15 秒

文脈ではなく、カンマ以降の構文に目を向けてみてください！

これは語彙問題のように見えてしまうのですが、「急に大雨が降って消火活動は楽になったが、火事の原因究明に関しては---することになろう」という文脈からは (A)の wait「待つ」、(B)の delay「遅延させる」、(C)の remain「とどまる」、(D)の occur「発生する」のうち複数が何となく良さそうに感じてしまいます。

こういう時は、構文上のパーツを利用しながら「**どういったタイプの動詞が空欄求められているか**」を考えていくのがコツでしたね (56ページご参照)。

この問題では、**空欄の直後に** the investigation という**目的語があること**から、空欄には**他動詞の機能**を持つものが入ると判断し、(B)の delay「～を遅延させる」を選択できれば素晴らしいところです。これで、**delay the investigation**「調査を遅らせる」という表現の完成です。

他の選択肢も単語自体が持つ意味だけで考えると正しいように感じられるところなのですが、それぞれ文脈に合うように使おうとすると、

  (A) <u>wait for</u> the police　「警察が来るのを待つ」
  (C) <u>remain at</u> the scene　「現場にとどまる」
  (D) <u>occurred at</u> 4:30 A.M. 「午前4時半に起こった」

とすべて前置詞によって後ろの名詞がつながってくるような、いわゆる**自動詞**として機能することになります。

**訳▶** 突然の大雨によって消防士たちの消火活動はスムーズになったが、ほぼ確実に火災原因の調査はずれこむことになるだろう。

---

花田
語録

**delay** には**他動詞の機能**がある！

**14.** The board asked Mr. Han to provide them with more detailed information and a ------- explanation of the proposal than he gave them in his original presentation.

(A) clear
(B) clearer
(C) clearly
(D) clearness

花田ナビ

🕐 解答目標タイム 15 秒

空欄直前の and を基点にパラレリズム（80ページご参照）を
成り立たせてみましょう！

この問題では空欄の前にある**等位接続詞 and**の存在にいち早く気付き、パラレリズムを形成していきたいところです。

80ページで学んでいただいたとおり、andを基点として**前後に同じ文法的要素の語句を並べる必要があります**ので、実際どの部分がパラレルになるべきかを考えていきましょう。

本文では provide them with の後ろに and を用いながら2つの名詞が並べられようとしています。具体的に、その名詞とは information と explanation なのですが、ポイントはそれぞれに修飾語がつけられているという点です。

and の前には more detailed information「形容詞の比較級＋名詞」が明示されていますので、後ろでも同じく「形容詞の比較級＋名詞」の形に整えるべく、(B)の clearer を選択します。**more detailed** information and a **clearer** explanation というキレイなパラレリズムの完成ですね。

本文で用いられている動詞 **provide** の用法は重要で、特に **provide 人 with モノ**「人にモノを提供する」という形でよく用いられます。その類似表現と一緒におさえておきましょう。

Mr. Han will **provide** the board **with** more detailed information.

Mr. Han will **supply** the board **with** more detailed information.

Mr. Han will **present** the board **with** more detailed information.

「Mr. Han は取締役たちに、より詳細な情報を提供する」

**訳▶** 取締役会は Mr. Han に対し、第1回目のプレゼンで提示した企画内容よりも詳細な情報と明瞭な説明をするよう求めた。

花田語録

**パラレリズム**を形成する際は、**同品詞**という点だけでなく**同形**になっていることも確認するべし！

**15.** ------- of the packages show evidence of damage due to improper handling.

(A) Several
(B) Whichever
(C) Something
(D) Every

花田ナビ

🕐 解答目標タイム 15 秒

構文先行型アプローチ「SVを認識する」からスタートです！

この問題を解くにあたって最短のルートは、主語と動詞に注目することです。まずは構文全体を眺めてみると、show が動詞で、空欄から the packages までが主語だと認識できますね。

96 ページでご紹介したとおり、of the packages のような前置詞 + α の部分は補足情報とみなすべきで、主役はあくまでも空欄部分になりますから、その部分は動詞 show と一致する名詞になるはずです。その観点から、複数を示唆する (A) の Several が正解であると判断します。残りの選択肢は以下の通り単数扱いなので、動詞 show と一致しません。

(B) **Whichever** is fine.
(C) **Something** is wrong.
(D) **Every** package shows some damage.

この問題では、several of 〜という語法に皆さんが慣れていらっしゃるかどうかも大切なテーマとなっています。some of the packages と同様、several of the packages「小包のうちのいくつか」というふうに several を代名詞として機能させるのは大いに結構です。もちろん Some packages/Several packages「いくつかの小包」のような形容詞的機能もあります。

several や some と同様、代名詞的機能を持つものを列挙しておきます。

**all** of the packages　　　　　**none** of the packages
**most** of the packages　　　　**any** of the package(s)
**many** of the packages　　　　**each** of the packages
**half** of the packages　　　　**every one** of the packages
**(a) few** of the packages

**訳▶** 小包の一部に、不適切な取り扱いによって生じた破損の跡が見受けられる。

**花田語録**

several には several of 〜 という
代名詞的機能もある！

**16.** A request ------- classified data files must be accompanied by a supervisor's written authorization.

(A) accesses
(B) to access
(C) access
(D) accessible

花田ナビ

🕐 解答目標タイム 15 秒

本家本元の動詞はどこにあるでしょうか？

構文を捉えるにあたって、A request が主語で空欄が動詞というふうに見えてしまった方は、もう一度スピードを上げて空欄の後ろまで目を向けてみましょう。

すると視野が広がって、must be accompanied の部分が本家本元の動詞、その前までが長い主語のかたまりであると認識できますね。

文頭にある A request が主語のなかでも主役にあたる名詞で、空欄以降は request の内容を具体的に説明していますので、不定詞である (B) の to access がふさわしいと判断します。

これは86ページでご紹介したのと同様、不定詞の形容詞的用法なのですが、視野が狭まってしまうと非常にひっかかりやすい問題なので、**SV を中心に空欄の後ろまでチェックすること**を習慣づけておきましょう。

ちなみに **classified data** というフレーズはうまく解釈できますか？ もととなっている classify は「〜を class 分けする」→「分類する」という意味の動詞なので、classified data は「分類されている ( 普通のものと隔離されている ) データ」→「機密情報」という意味になります。confidential に近い感覚を持った表現です。他にも **classified ad**「( 求人広告をはじめとした ) 部門別案内広告」という表現も TOEIC において頻出です。

**訳▶**機密情報ファイルへのアクセス申請には、上司の書面による承認が
　　添えられている必要がある。

**広い視野**を保って、空欄部分が
**動詞**であるのか**補足情報**であるのかを的確に見定めよ！

**17.** The first essay submitted by the student had numerous grammatical errors, ------- the second was nearly flawless.

(A) since

(B) while

(C) if

(D) after

 花田ナビ

🕐 解答目標タイム 15 秒

選択肢には接続詞が4つ並んでいますね。

空欄にはカンマで隔てられた節と節をつなぐ接続詞が求められているのですが、選択肢に並んでいるものは全て接続詞の機能を持つので、ここは文脈をいかしながらアプローチしていきます。

文末には flawless といったかなり難易度の高い単語も含まれていますが、たとえ全文が理解できなくても、文頭の **The first** essay と中盤の **the second** (essay) というキーワードさえ拾うことができれば、カンマの前後で**対比**が行われていると察知することができ、(B) の **while**「一方で」にたどり着けます。

ちなみに、文末の flawless は flaw (= mistake) と less が合体したもので「ミスがない (= perfect)」という意味の形容詞になります。最初に提出した論文には numerous errors「複数のミス」があったのに対し、2回目は nearly flawless「ほとんどミスがなかった (= almost perfect)」というわけですね。

もちろん while には、I'll give you a call **while** I'm in Barcelona. のように「～の間」という意味もあるのですが、本文のように「一方で」という意味でも頻繁に用いられますので、是非おさえておきましょう。

(A) の since は 34 ページで学んでいただいたとおり、接続詞として用いられる場合「～以来」「～なので」という 2 つの意味があるのですが、本文ではいずれも文脈と合致しないですね。

(C) の if「もし～なら」や (D) の after「～の後に」もやはり意味的に不自然だと判断します。

**訳▶** その学生が最初に提出した論文には数々の文法ミスがあったが、2回目のものはほとんどミスのない状態だった。

花田
語録

**while** には「一方で」という意味もあり、
**対比**をする際にも使える！

**18.** The weather service predicts that it
------- more heavily than usual.

(A) has been raining

(B) is raining

(C) has rained

(D) will rain

花田ナビ

🕐 解答目標タイム 10 秒

predicts と時制を一致させようとするのではなく、
その単語が持つ方向性に意識を傾けてみましょう！

選択肢は全て能動態で、かつ主語である it と全て一致するので、この問題は態や主述の一致ではなく、時制の問題だと判断できます。実際、選択肢には現在完了・現在進行形・未来形という3つのバリエーションが見受けられますね。

空欄の前にある動詞 predict は126ページで学んでいただいたとおり、**predict that SV**「SVになると予想する」という意味の動詞なので、that 以下では「今後起こり得ること」を表すべく、未来形である (D) の **will rain** を用いるのがナチュラルですね。他に **would rain** や **may rain** といった助動詞と一緒に使うことも可能です。

現在進行形である (B) の is raining は **tomorrow** などの未来を表す言葉と一緒に用いれば未来のことを述べることもできますが、単独で it is raining とすると「今降っている最中」というシンプルな現在進行形とみなされることとなり、predict の持つ「予想」のイメージと噛み合わなくなってしまいます。

 predict と同様、未来に対する予測をする際に用いる動詞を挙げておきます。

**expect** that S will V　　　　　**anticipate** that S will V
**forecast** that S will V　　　　**foresee** that S will V
**estimate** that S will V　　　　**assume** that S will V
**speculate** that S will V

**訳▶** 気象情報サービスでは、いつもよりも多めに雨が降るという予測を立てている。

 花田
語録

**predict** は未来に対する予測をたてる際に
用いられる！

**19.** A document ------- to this e-mail contains some important statistics obtained in the recent marketing study.

(A) combined

(B) associated

(C) inserted

(D) attached

花田ナビ

🕒 解答目標タイム 15 秒

空欄の後ろにある to をいかして解いてみましょう！

まず、本文は A document contains some statistics という構文で成り立っていて、空欄は直前にある名詞 A document に対して補足情報を加える分詞の機能を果たしていることを認識します。

選択肢は全て -ed という**過去分詞**なので、A document is combined / associated / inserted / attached という**受動の関係**が描かれているのですが、意味的に成立するものがいくつかあるので更なるキーワードを探してみます。

すると、空欄の直後に「到達」をイメージさせる **to** があるので、(D) を選択して A document is **attached to** this e-mail のように考えるのがふさわしいと判断します。この機会に **attach** X **to** Y「XをYに添付する」という語法ごとマスターしておきましょう。

残りの選択肢は以下のような語法を持っています。

(A)は **combine** X **with** Y     XをYと組み合わせる
(B)は **associate** X **with** Y     XをYと関連付ける
(C)は **insert** X **in/into** Y     XをYに挿入する

本文のように受動態で用いられる場合、A document <u>combined **with**</u>~ / A document associated **with**~ / A document <u>inserted **in** (**into**)</u>~ のようになりますが、**to** ではなく別の前置詞が続くことにご注目ください。

**訳**▶当メールに添付されております文書には、先日行われた市場調査で得られた重要な統計が盛り込まれております。

花田
語録

**attach** X **to** Y という**語法ごとマスター**しておこう！

**20.** Eagle Mart, one of the biggest shoe stores in town, stays ------- until midnight on Fridays and Saturdays.

(A) open

(B) opening

(C) openly

(D) to open

🕐 解答目標タイム 10 秒

空欄の前にある stays を is に置き換えてみると
考えやすくなるかもしれませんよ！

構文を眺めてみると、カンマを使いながら補足情報が挿入されていて、その前後で Eagle Mart stays という文の骨組みが出来上がっていることに気付けますね。

空欄の直前にある stay は「〜のままでいる」という意味の動詞で、**前後のものをイコールの関係で結びつつ、主語の状態を述べる働き**をします。要は **be動詞と同じような動詞**だと捉えておけばよいわけです。

したがって、Eagle Mart is open といえるのと同様、形容詞である (A) の open「開いている」を選択して、Eagle Mart stays open とするのが正解です。このように、stay は開いている状態が「続いている」ということを強調したい時に be 動詞の置き換えとして用います。

「形容詞がどれかを見極めるのに苦労した」という方に1つコツを伝授しましょう。まず -ly が付いているような副詞を探します。もともと多くの副詞は形容詞に -ly が付いて出来上がっているわけなので、逆に副詞から -ly を差し引けば形容詞のお出ましなわけです。今回も (C) の openly をヒントにすれば、-ly を差し引いたスペルをしている (A) の open が形容詞だと判断できますね。(B) の opening は形容詞（分詞）としての働きも持っていますが、その場合 an opening speech のように前から名詞を修飾する位置で用いられます。

 stay と同様の意味や語法を持つ remain もおさえておきましょう。

Please **remain** calm.　　そのまま落ち着いていてください。
The information must **remain** confidential.
　情報の機密が保持される必要がある

**訳▶**町で最大手の靴屋の1つである Eagle Mart は、毎週金曜日と土曜日には深夜12時まで営業している。

 花田語録

**stay／remain は be 動詞と同様、
イコールサインとして機能する！**

**21.** The building's management company will contact several tenants ------- leases expire later this year.

(A) who

(B) what

(C) which

(D) whose

花田ナビ

🕐 解答目標タイム 10 秒

関係詞の問題ですね。
空欄の後ろに続く要素に注目してみましょう。

選択肢から、関係詞の問題であると見抜くことができますね。構文に着目してみると、空欄の前で1つの文が完成しており、その文末には **tenants** という人を示す単語が用いられています。さらに空欄の後ろへ目を馳せると、leases expire later this year とあるのですが、ここで的確に認識すべきは **leases** が名詞で **expire** が自動詞、その後は副詞的な補足情報が盛り込まれているという文構造なんですね。そこから、空欄の後ろには文を構成するのに必要不可欠なパーツは揃っているとみなすことができますので、空欄には直前の tenants に言及しつつ、直後の名詞 **leases** を修飾する形容詞的な機能が求められていると判断し、**関係代名詞の所有格である (D) の whose を選択する**わけです。

残りの選択肢を関係代名詞として用いる場合、(A) の who は**主格**もしくは**目的格**なので、後ろに続く節の中で主語や目的語の役割を果たします。(B) の what も**主格**および**目的格**として機能する関係代名詞であること、および**先行詞を中に含んでいる**ため、先行詞となり得る名詞 tenants が空欄の前に存在していることから不適切とみなします。(C) の which も**主格**および**目的格**で、tenants のような人ではなくモノを先行詞としながら、its leases which expire later this year のように使うことは可能です。

expire と同様、目的語をとらない動詞 (自動詞) を列挙しておきます。

| | | |
|---|---|---|
| proceed「進む」 | apologize「謝罪する」 | aspire「熱望する」 |
| differ「異なる」 | occur/happen「起こる」 | exist「存在する」 |
| correspond「一致する」 | cooperate「協力する」 | |
| interfere「干渉する」 | deteriorate「悪化する」 | |

**訳▶**ビルの管理会社は、年内に賃貸契約が切れる複数のテナントと連絡を取る。

花田
語録

関係代名詞の **whose** は
後ろの名詞を**形容詞的に飾る**機能を果たす！

**22.** Steve Dickinson -------, the association's president, has agreed to give the keynote speech at the trade show.

(A) himself
(B) he
(C) his
(D) him

花田ナビ

🕐 解答目標タイム 5 秒

視野を広げて全体の文構造を捉えてみましょう！

本文では **Steve Dickinson** が主語、その後に同格のカンマを用いながら the association's president という補足情報を盛り込んだうえで、**has agreed** という動詞が続いており、空欄がなくても文はすでに完結していますね。ゆえに、空欄には**副詞的な機能**を果たすことのできる再帰代名詞が求められているとみなし、(A) の himself を選択します。

この文構造的には特に必要のない **himself** をあえて入れることにより、in person や personally と同じく「**本人が、自ら**」といった副詞的な強調を加えることができるんですね。主語である Steve Dickinson がただならぬ人物であることを紹介しつつ、「なんと、あの Steve Dickinson 本人が自ら…」って感じで読み手や聴き手の注意を引く効果があるわけです。

おそらく多くの方がこの問題を正解できたかと思います。でも果たして解くのにどのくらいの時間を要したでしょうか。5秒以上かかってしまった方は、まだまだ伸びしろがありますよ。大切なのは揺るぎない文法の知識を築き上げ、ブレずに正解まで一直線で駆け抜けるスピードなのです。Part 5 で時間短縮をはかることができれば、Part 7 でもっと余力がでてきますよ！

強調表現をいくつか紹介しますので、強調しながら読み上げてみましょう。

He **did say** that.
　　　↖ do/does/did を用いて「本当に」と強調
I go there every **single** time.
　　　↖ single を用いて「欠かさず」と強調
Most events had to be canceled, **even** the TOEIC.
　　　↖ even で「さえ」と強調

**訳**▶ 見本市において、協会の会長である Steve Dickinson が自ら基調演説を行うことに快諾している。

花田
語録

**再帰代名詞**を使って**強調**を加えることができる！

第 5 章

# 一気に駆け抜ける Part 6　28題

🔊 5 — 🔊 11

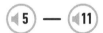

この章の解答目標タイム
**13分30秒**

# 広い視野を
# 保ちながら進もう!

Dear Ms. Tucker,

Thank you for sending us your ------- form.
1.
Unfortunately, the silver Auralis earphones (Item
#LS533) that you requested are temporarily
unavailable. ------- . We will therefore send this item
2.
to you as soon as it is back in stock. ------- , you
3.
may choose to cancel the order for the earphones
at any time.

All the other items you ordered are available. In a
couple of days, we ------- them to you via express
4.
delivery.

Please call 461-555-8002 if you have any questions.

Customer Service Department
Kinney Electronics

**1.** (A) cancellation
   (B) consent
   (C) application
   (D) order

**2.** (A) The replacement model will be shipped free of charge.
   (B) Customers should be notified without further delay.
   (C) We expect to receive a new shipment later this month.
   (D) Our technical department is working to restore service.

**3.** (A) Consequently
   (B) Alternatively
   (C) In addition
   (D) As a whole

**4.** (A) could have mailed
   (B) mailed
   (C) have mailed
   (D) will mail

空欄直後の form と一緒に使える名詞が求められているのですが、選択肢と組み合わせてみても、困ったことにいずれも実在するフォームなんですね。これが Part 5 と 6 における相違点の最たる例で、**ウ〜ンと悩んでしまったり適当に勘で選ぼうとしないように注意**しましょう。「空欄の入っている文章までで判断できないなら、読み進めてみよう！」という柔軟な姿勢こそが Part 6 の *the key to success* なのです。

というわけで早速読み進めてみますと、次の文章に the Auralis earphones that you requested「お求めいただきました Auralis イヤホーン」となっていることから、レターの読み手はすでに注文を入れたということがうかがえますので、(D) を選択して your **order form**「発注書」とするのがふさわしいと判断します。

(A) の **cancellation form** は「解約届」、(B) の **consent form** は「同意書」、(C) の **application form** は「申請書」という意味なので、文脈と合致しませんね。

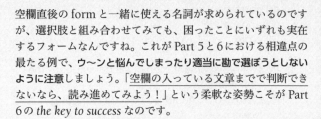
これは俗に文挿入問題と呼ばれるもので、国語のテストでも似たような出題形式がありましたよね。コツは**前後の文脈を広範囲にわたっていかすこと**です。まずは 2 番の空欄が位置している前の文を見ると、Unfortunately, the silver Auralis earphones that you requested are temporarily unavailable.「あいにく、お求めいただいたシルバーの Auralis イヤホーンは一時的に品切れとなっております」と告げられています。今度は空欄の後ろに続く文を読んでみると、We will therefore send this item to you as soon as it is back in stock.「ゆえに当該アイテムは再度入荷したらすぐに送付させていただく」と書かれていますね。それはすなわち、欠品となっているアイ

テムはまた近いうちに入荷する予定になっているということを示唆していますから、空欄には (C) の We expect to receive a new shipment later this month.「今月中には新たに品物が届く見込みです」がふさわしいと判断するわけです。

一方で、(A) の The replacement model will be shipped free of charge. は「その代替モデルは無料で送付されることとなります」、(B) の Customers should be notified without further delay. は「顧客の方々にはこれ以上遅れることなくお知らせいたします」、(D) の Our technical department is working to restore service. は「当社の技術部がサービスの復旧にあたっております」という意味なので、いずれも文脈と合致しませんね。

---

**3.** (B) Alternatively　カテゴリー　**文脈**　攻略法　**精読アプローチ**

選択肢には副詞や副詞句が並んでいますね。これらは「接続副詞」と呼ばれるもので、前後の文章の間に入れることによって、文脈がより滑らかに伝わりやすくなる効果をもたらします。

ゆえに空欄前後の文脈をいかしてみますと、空欄の前では注文された商品が入荷待ちである旨が告げられ、後ろには you may choose to cancel the order for the earphones at any time「イヤホーンのご注文につきましてはいつでもキャンセルが可能です」という**オプション**が提示されているので、空欄にふさわしいのは (B) の **Alternatively**「もしくは (= **As another option**)」ということになりますね。もともと動詞 **alter** には **change** と同じような感覚が含まれていますから、その副詞である **alternatively** は「こっちに変えてもいいですよ」⇨「あるいは」という意味になるわけです。

(A) の **Consequently** は「結果として (= **In consequence** / **As a result** / **Accordingly** / **Therefore** / **Thus** / **Hence**)」、(C) の **In addition** は「加えて (= **Additionally** / **Furthermore** / **Moreover** / **Besides** / **Also**)」、(D) の **As a whole** は「全体

として (= **Overall / Generally / In general**)」という意味なので不適切となりますが、出題頻度の高いものばかりです。

こういった接続副詞の問題というのは複数の文が絡むため、Part 5の形式では出題しにくく、Part 6特有の出題ポイントといえますので、それぞれの類語も含めてバリエーションをぜひ増やしておきましょう。

## 4. (D) will mail　カテゴリー **時制**　攻略法 **速読アプローチ**

Part 6で最もよく出てくるカテゴリーの1つが時制です。どこかにタイミングを表す表現があるはずなので探してみますと、直前に **In** a couple of days「数日後に (= A couple of days from now)」と述べられており、**未来**の話であることが示唆されていますので、空欄には未来形である (D) の will mail がふさわしいと判断します。

in 〜「〜後」と within 〜「〜以内」はしっかり区別をしておきましょう。

**語彙** ▶ □ **unfortunately**　残念ながら、あいにく
　　　　□ **temporarily unavailable**　一時的に入手できない
　　　　□ **therefore**　ゆえに
　　　　□ **as soon as 〜**　〜次第
　　　　□ **back in stock**　在庫している状態に戻る（再入荷）
　　　　□ **in a couple of days**　数日後に
　　　　□ **via express delivery**　速達便で

**訳 ▶ 1〜4番は以下のレターに関する問題です。**

Tucker 様

発注書をお送りいただき、ありがとうございました。あいにく、お求め
いただきましたシルバーの Auralis イヤホーン (製品番号 LS533) は、
一時的に品切れとなっております。<u>今月中には新たに品物が届く見込み
です。</u>したがいまして、当該アイテムは再度入荷しましたらすぐに送付
させていただきたく存じます。もしくは、イヤホーンのご注文につきま
しては、いつでもキャンセルとしていただくことが可能でございます。

その他のご注文の品につきましては、全てご用意できます。今から数日
後に、速達便で郵送させていただきます。ご不明な点がございましたら、
461-555-8002 へお電話くださいませ。

顧客サービス部
Kinney Electronics

Part 6 では
空欄前後の単語だけを見て解くのは危険！
**散在しているキーワードを捉えるべく、**
**前後の文脈をいかそう！**

**Questions 5–8** refer to the following article.

November 17—Nexxus Branding Solutions ------- **5.** Grifford's Best New Business by *Citylife* magazine. The agency specializes in helping companies build brand awareness through social media. President Sophie Albrighton accepted the award at an event held yesterday. "Demand for social media marketing is expanding rapidly," she noted. "Our company is growing exponentially ------- **6.** ."

Nexxus focuses on strategies that help clients engage and build relationships with consumers, rather than traditional advertising. For example, to promote the launch of Pearl Corp's new electric toothbrush, Nexxus offered free products to hundreds of consumers if they ------- **7.** to post online reviews. ------- **8.** . The testimonials convinced many people to buy the product, helping Pearl Corp exceed its initial sales targets.

**5.** (A) naming
(B) will name
(C) has been named
(D) to name

**6.** (A) as a result
(B) furthermore
(C) in comparison
(D) nonetheless

**7.** (A) refused
(B) supported
(C) recommended
(D) agreed

**8.** (A) These are considered more authentic than company-produced advertising.
(B) This saved money on shipping costs as well.
(C) Only a few participants said they liked the new products.
(D) The process proved more complicated than expected.

⏱ 解答目標タイム 2 分 15 秒

選択肢から動詞の形が問われている問題だという意図を探ることができますね。この name という動詞には、**name X Y**「X を Y に指名／選出する」という語法があります。本文では Nexxus Branding Solutions --- Grifford's Best New Business と書かれており、後ろに by *Citylife* magazine という**行為者**も明示されていますから、**X be named Y**「X が Y に指名／選出される」という**受動態**を形成することのできる (C) の has been named が空欄にふさわしいと判断します。

(B) の will name は**能動態**なので不適切です。動名詞もしくは分詞である (A) の naming、および不定詞である (D) の to name は、動詞の機能を果たすことができないため不適切とみなします。

選択肢には副詞や副詞句が並んでいますね。Nexxus の社長のセリフとして、前文に Demand for social media marketing is expanding rapidly「ソーシャルメディアを使ったマーケティングへの需要は急速に拡大している」、後ろに続く文には Our company is growing exponentially ---.「--- 当社は加速度的に成長を遂げている」という因果関係が描かれているわけですから、空欄に入る副詞として (A) の **as a result**「結果として (= **consequently / in consequence / accordingly**)」がふさわしいと判断します。

(B) の **furthermore** は「さらに (= **moreover / besides / additionally / in addition / plus / also**)」、(C) の **in comparison** は「比較すると (= **by comparison**)」、(D) の **nonetheless** は「それでもなお (= **nevertheless / still / however**)」という意味なので、いずれも文脈と合致しないですね。

本文に Nexxus offered free products to hundreds of consumers if they --- to post online reviews. 「Nexxus 社はオンラインレビューを投稿することに---してもらえれば、数百名の消費者に無料で製品を提供した」と書かれていることから、空欄には文脈に合う動詞で **to不定詞を目的語に直接とる**ことのできる (D) の agreed「同意した」が入るべきだと判断します。

(A) の refused「断った」も to 不定詞を目的語にとることはできるのですが、if they refuse to post online reviews「オンラインレビューを投稿することを拒絶したら」では後ろに続く文脈と合致しないですね。

(B) の supported「サポートした」は意味的に当てはまるような気がしてしまいがちですが、to不定詞を目的語として伴うことはできず、supported us by posting online reviews のように用いられます。

(C) の recommended「提案した」も直後に不定詞を目的語にとるのではなく、recommended posting online reviews もしくは recommended that other people post online reviews のように動名詞や that 節を伴います。

前文に Nexxus offered free products to hundreds of consumers if they agreed to post online reviews. 「Nexxus 社はオンラインレビューを投稿することに同意してもらえれば数百名の消費者に無料で製品を提供した」とあること、および続く文に The testimonials convinced many people to buy the product, helping Pearl Corp exceed its initial sales targets. 「そうしたユーザーたちの声が多くの人々に当該製品を購入する気にさせ、Pearl Corp 社が当初の売上げ目標を超えることに貢献した」と書かれていることから、空欄には (A)

の These are considered more authentic than company-produced advertising.「これらは企業が制作する広告よりも信憑性のあるものだとみなされている」がふさわしいと判断します。文挿入問題では選択肢の中で使われている**限定詞（指示語・代名詞・所有格・冠詞・数 etc.）に着目することが極めて重要**です。(A) では This の複数形である These という限定詞が空欄の前にある reviews のことを指しており、(A) の文章で書かれている内容は前後の文脈とも一致しますね。

(B) の This saved money on shipping costs as well. は「これにより配送コストも節減することにつながった」、(C) の Only a few participants said they liked the new products. は「ごく僅かな被験者がその新製品を気に入ったと述べた」、(D) の The process proved more complicated than expected. は「その工程は予想されていたよりも複雑であることが判明した」という意味なので、いずれも文脈と合致しません。

**語彙▶** □ **name X Y**　X を Y に指名／選出する
　　　　□ **specialize in ～**　～を専門に扱う、～に特化する
　　　　□ **build awareness**　知名度を築き上げる
　　　　□ **through social media**　ソーシャルメディア（SNS等）を介して
　　　　□ **accept the award**　賞を受け取る
　　　　□ **demand**　需要（⇔ supply 供給）
　　　　□ **expand rapidly**　急速に拡大する
　　　　□ **note ～**　～に言及する
　　　　□ **exponentially**　指数関数的に、加速度的に
　　　　□ **focus on strategies**　戦略にフォーカスをあてる
　　　　□ **engage with ～**　～と関わりを持つ、～と向き合う
　　　　□ **build relationships with ～**　～と関係を構築する
　　　　□ **consumer**　消費者
　　　　□ **rather than ～**　～よりもむしろ、～ではなく
　　　　□ **traditional advertising**　従来型の宣伝／広告
　　　　□ **for example**　例えば
　　　　□ **promote the launch**　発売を促進させる（告知する）
　　　　□ **electric toothbrush**　電動歯ブラシ
　　　　□ **offer X to Y**　X を Y に提供する

□ **hundreds of ～**　数百の～
□ **post reviews**　レビュー（評価コメント）を投稿する
□ **testimonials**　証言、顧客や参加者からの声
□ **convince O to do ～**　Oを納得させて／説得して～させる
□ **exceed initial sales targets**　当初の売上げ目標を上回る

**訳 ▶ 5〜8番は以下の記事に関する問題です。**

11月17日——Nexxus Branding Solutions が *Citylife* 誌 の Grifford's Best New Business に選出された。同社はソーシャルメディアをとおして企業がブランドの知名度を築き上げるサポートをすることを専門的に行っている。昨日開催された式典にて、Sophie Albrighton 社長が賞を受けとった。「ソーシャルメディアを使ったマーケティングへの需要は急速に拡大しています」と彼女は語る。「その状況を受け、当社も加速度的に成長を遂げております。」

Nexxus 社は従来型の宣伝よりも、むしろクライアント企業が消費者と向き合って関係を構築していくことにつながる戦略にフォーカスをあてている。例えば、Pearl Corp 社の新たな電動歯ブラシの発売を宣伝するにあたり、Nexxus 社はオンラインレビューを投稿することに同意してもらえれば、数百名の消費者に無料で製品を提供した。これらは企業が制作する広告よりも信憑性のあるものだとみなされている。そうしたユーザーたちの声が多くの人々に当該製品を購入する気にさせ、Pearl Corp 社が当初の売上げ目標を超えることに貢献したのだ。

花田
語録
　文挿入問題では、選択肢中の**限定詞**
**（指示語・代名詞・所有格・冠詞・数）**
に注目！

From: Nathan Whyte <nwhyte@pmc.com>
To: Vanessa Campbell <vcampbell@ishmaelcoffee.com>
Subject: Visit to Seattle
Date: January 17

Dear Ms. Campbell,

I would like to ------- you that I will be in Seattle
**9.**
on business next month. As I mentioned in my
previous e-mail, I hope to arrange a meeting with
you while I am in town. I ------- my schedule in that
**10.**
e-mail.

------- . I originally had a meeting planned for the
**11.**
morning of February 8. However, that appointment
has been ------- , so I am now available to meet
**12.**
you at that time as well.

Please let me know when you would like to get
together. I look forward to seeing you.

Best regards,

Nathan Whyte

**9.** (A) offer
(B) suggest
(C) remind
(D) recall

**10.** (A) included
(B) should include
(C) am including
(D) include

**11.** (A) I'm afraid we will have to postpone it.
(B) The delay was due to circumstances beyond my control.
(C) The trip has exceeded my expectations.
(D) I also wanted to mention a change to my schedule.

**12.** (A) fixed
(B) missed
(C) arranged
(D) canceled

本文には I would like to --- you that I will be in Seattle on business next month.「来月、出張でシアトルへ参りますことを --- いたしたく」と書かれているのですが、選択肢のうちの複数が意味的には良さそうに感じてしまうため、構文上のキーワードを探していきます。着眼点はズバリ、空欄の直後に you that SV と続いていることで、この語法を唯一とれるのは (C) の remind です。

remind には **remind 人 that SV**「人に SV ということを思い出させる」、**remind 人 of/about 名詞**「人に名詞を思い出させる」、**remind 人 to do ～**「人に～することを思い出させる」と主に3つの語法があり、TOEIC ではどれもよく登場しますが、特に強く意識していただきたいのは**「人を目的語にとる」**という点なんです。re (再び) + mind (気付かせる) = remind ですから、誰に思い出させるのかを明示する必要があるわけですね。

(A) の offer は give と同じく、**offer モノ to 人**「モノを人に提供する」、もしくは **offer 人 モノ**「人にモノを提供する」のように用いられる動詞で、that 節を直後に伴うような語法はありませんので、文法的に不適切です。

(B) の suggest は recommend と同様、**suggest doing**「～することを勧める」や **suggest that SV**「S が V するよう勧める」のように用います。suggest 人 that SV という語法は存在しませんので注意しましょう。

(D) の recall は re「戻す」+ call「呼ぶ」=「記憶を呼び戻す」という意味で、remember と似た単語なのですが、**recall doing**「～したことを思い出す」、もしくは **recall that SV**「SV ということを思い出す」のように that 節を目的語に直接とるような使い方をします。

まず選択肢の並びから時制の問題であるとみなし、**タイミングを表すキーワード**を探しにいきますと、空欄の後ろに in **that** e-mail「**そのメールで**」という表現が見えてきます。that を使っているということは既に明示された単数名詞のことを指しているわけなので、さかのぼってみますと、前文の in my **previous** e-mail「**以前送ったメール**」のことであると認識できるわけです。したがって、空欄には過去形である (A) の included「(スケジュールを) 添付した」がふさわしいと判断します。

未来を表す (B) の should include を入れると「今後出すメールに添付しておく」、現在進行形である (C) の am including や現在形である (D) の include を用いると「このメールに添付している」ということになってしまいますね。

第一段落の最後に自身のスケジュールを先のメールに添付したと述べられていたこと、および空欄の後ろに I originally had a meeting planned for the morning of February 8.「当初は 2 月 8 日の午前中に会議を 1 つ入れていた」としたうえで、I am now available to meet you at that time as well「現時点ではその時間帯も都合がつく」と続けていることから、空欄には (D) の I also wanted to mention a change to my schedule.「また、スケジュールに変更がありましたので重ねてお知らせいたします」が入るべきだと判断します。

(A) の I'm afraid we will have to postpone it. は「あいにくそれを延期せざるを得なくなりそうです」、(B) の The delay was due to circumstances beyond my control. は「その遅延はやむを得ない事情で発生しました」、(C) の The trip has exceeded my expectations. は「その出張は私の予想／期待を上回るものでした」という意味なので、文脈と合致しませんね。

前文に I originally had a meeting planned for the morning of February 8.「当初は2月8日の午前中に会議を1つ入れていた」と書かれていること、および本文に However, that appointment has been ---, so I am now available to meet you at that time as well.「しかしながら、その約束は --- となったので、現時点ではその時間帯も都合がつく」と書かれていることから、空欄には (D) の canceled「キャンセルされた（なしになった）」がふさわしいと判断します。

(B) の missed も「間に合わなくなった」という意味なので、一瞬よさそうな気もしますが、February 8はまだ先の話ですので、間に合わないと告げるのは時期尚早ですね。

(A) の fixed「確定された」と (C) の arranged「設定された」は、空欄の後ろに続く so I am now available to meet you at that time as well「だからその時間帯も都合がつく」の部分と論理的に噛み合わなくなってしまいますので不適切です。

ちなみに11番と12番の問題を手掛ける際は、第二段落全体に目を通し、先に12番を解いてから11番に入る文章を選ぶというのもアリですね。このように Part 6 では「4問を1セットと位置づけ、解く順番は前後してもよい」という柔軟な考え方をするとうまくいく時が多々ありますよ。

---

**語彙▶**  □ **on business**　出張で
　　　　□ **as I mentioned**　申し上げたとおり
　　　　□ **previous e-mail**　前のメール
　　　　□ **arrange a meeting**　会議を設定する
　　　　□ **while ～**　～の間
　　　　□ **originally**　本来は、当初は
　　　　□ **however**　しかしながら
　　　　□ **available**　都合がつく、空いている
　　　　□ **as well**　同様に

- □ **let me know**　私に知らせる
- □ **get together**　一緒になる、会合する
- □ **look forward to doing**　〜することを心待ちにする

**訳▶** 9〜12番は以下の電子メールに関する問題です。

差出人：Nathan Whyte <nwhyte@pmc.com>
宛名：Vanessa Campbell <vcampbell@ishmaelcoffee.com>
件名：シアトルへの訪問
日付：1月17日

拝啓 Campbell 様

来月、出張でシアトルへ参りますことをあらためてお知らせいたします。先のメールにて申し上げましたとおり、シアトル滞在中に会議を設定させていただければ幸甚です。私の予定は同メールに添付いたしました。

また、スケジュールに変更がありましたので重ねてお知らせいたします。当初は2月8日の午前中に会議を1つ入れておりました。しかしながら、その約束はキャンセルとなりましたので、現時点ではその時間帯も都合をつけることが可能でございます。

ご都合のよろしい日時をお知らせください。お会いできることを心待ちにしております。

敬具

Nathan Whyte

**花田語録**

Part 6 では**時制**の問題が頻出！
**タイミングを表すキーワード**を見逃すな！

Dear Mr. Slater,

Thank you for coming in last week to discuss the systems manager position at Rispel Corporation.

Now that I ------- the opportunity to meet you and
  **13.**
review your qualifications in detail, I have concluded that we need someone with more experience.
------- . I was impressed by your interview, and you
  **14.**
were one of our leading candidates.

I recently received an e-mail from Jean Marot, personnel manager at D&D Technologies, regarding a similar opening there that requires less experience. You would be well suited to the job, and I recommend that you contact ------- .
  **15.**

If you are interested, Ms. Marot's phone number is 622-555-1631. If you have any questions, please do not ------- to contact me.
  **16.**

Sincerely,

William Kwon
Human Resources Manager

**13.** (A) will be getting
(B) have had
(C) have
(D) will have had

**14.** (A) Applicants should send their cover letter and
résumé.
(B) It was not an easy decision, however.
(C) The salary will be revised accordingly.
(D) Please submit your recommendations as
soon as possible.

**15.** (A) me
(B) him
(C) us
(D) her

**16.** (A) hesitantly
(B) hesitant
(C) hesitate
(D) hesitation

選択肢の並びから、時制の問題であると判断し、タイミングを表すキーワードを探すと、直前の Now that が見えてきます。Now があるので、すぐに現在形である (C) の have を選びたくなるところですが、**Now that の後ろは必ずしも現在形とは限りません**。Now that は「今や〜なので」のように Because と同様の意味を持つ接続詞で、現状や経緯を伝える際に用いられる、ゆえに「**現在形や現在完了と相性がよい**」と位置づけておきましょう。ちなみに、Now (that) SV... といった形で、that が略される時もあるので注意です。

さて、時制を決定づける要素はどこでしょうか？ ずばり、キーフレーズは第1文目の Thank you for coming in last week という部分で、そこから先週会ったことは明らかですから、空欄直後の the opportunity to meet「会う機会」は過去のことで、すでにお互い面識があると判断できます。こういった「**現時点に至るまでの経緯や背景**」を表すことができるのは、**現在完了**である (B) の have had ですね。Now that I have had the opportunity to meet you で「お目にかかる機会に恵まれ」という表現の完成です！

(C) の have は現在形なので、これまでの経緯を伝えるのにふさわしい時制とは言えません。未来のことを語る (A) の will be getting や (D) の will have had を用いると、このレターを書いている時点ではまだ会っていないことになってしまいますね。

空欄の前において、I have concluded that we need someone with more experience.「より経験豊富な人材が必要であるとの判断に至った」という読み手にとって**ネガティブな内容**が告げられている一方で、空欄の後ろに続く文では I was impressed by your interview, and you were one of our leading candidates.「面接では素晴らしかったという印象があり、貴殿は最有力候補の一人として残っていた」と**ポジティブ**なことを述べていることから、空欄には (B) の It was not an easy decision, however.「ただ、この度の決断を下すのは容易なことではございませんでした」が入るべきだと判断します。

(A) の Applicants should send their cover letter and résumé. は「応募される方はカバーレターと履歴書をお送りください」、(C) の The salary will be revised accordingly. は「給与は然るべく改定されることとなります」、(D) の Please submit your recommendations as soon as possible. は「なるべくお早めに提言をお出しください／推薦状をご提出ください」という意味なので、文脈と合致しませんね。

---

## 15. (D) her 　カテゴリー **指示語** 　攻略法 **精読アプローチ**

空欄には contact をとる相手が入るわけなのですが、文脈から D&D Technologies 社の Jean Marot のことを指していると判断できますね。

ところが、Jean を「ジャン」という男性とみなして (B) の him を選ぶのか、それとも Jean を「ジーン」という女性とみなして (D) の her を選ぶべきなのか判断しかねるので読み進めていくと、次の文に **Ms.** Marot's phone number is... とあることから、正解は (D) の her であるという確証を得ることができます。

このように Part 6 では、**読んできた部分だけでは答えが明確に見えてこない場合、止まらずに読み進める**という柔軟な姿勢を維持することが重要です。ちなみに、もし D&D Technologies 社に連絡をすると述べたい場合は、contact them のように表現することができます。

実は Part 5 だけでなく、Part 6 でも品詞の問題はよく出ています。特に各セットの4問目に出題された場合は Part 5 と同様、先ずは空欄前後の構文だけで文法的にスパッと解くことを試みてみましょう（ただし、1〜3問目の場合は、まだ後ろに問題が控えていますので文脈を速読していく必要があります）。

本文には please do not --- to contact me と書かれていることから、空欄には動詞の原形が入るべきだと判断し、(C) の hesitate「躊躇する」を選択します。Please do not hesitate to contact me.「躊躇せず（ご遠慮なさらずお気軽に）お問い合わせください」といった文章は、ビジネスレターで頻繁に用いられる定型フレーズとしておさえておけば自ずと Part 6 対策にもなりますよ！

**語彙▶** □ **discuss the position**　その職について話す

□ **now that 〜**　今や〜なので

□ **opportunity to meet you**　お目にかかる機会

□ **review your qualifications**　お持ちの資格や資質を審査する

□ **in detail**　詳細にわたり

□ **conclude that 〜**　〜だと結論づける

□ **I was impressed by 〜**　〜に感銘を受けた

□ **leading candidates**　最有力候補

□ **recently**　最近、先日

□ **personnel manager**　人事部長

□ **regarding a similar opening**　似たような空きに関して

□ **require less experience**　それほど経験を必要としない

□ **suited to the job**　その職に合う（適任である）

□ **recommend 〜**　〜を勧める

□ **if you are interested**　ご興味があれば

**訳 ▶ 13〜16番は以下のレターに関する問題です。**

拝啓 Slater 様

先週は弊社までお越しのうえ、Rispel Corporation におけるシステムマネージャーの職についてお話をさせていただきまして、ありがとうございました。

貴殿とお会いし、お持ちの資格について詳細にわたり検討させていただきましたところ、より経験豊富な人材が必要であるとの判断に至りました。ただ、この度の決断を下すのは容易なことではございませんでした。面接をさせていただき素晴らしい印象を受けましたし、貴殿は最有力候補の一人として残っていらっしゃいました。

先日、D&D Technologies 社の人事部長である Jean Marot からメールが届きまして、同社で似たような仕事でありながらもそれほど職務経験を必要としない職に空きがあるという内容でした。貴殿はその職を務めるのに十分な資質をお持ちだと思いますので、彼女とコンタクトをとられてみてはいかがでしょうか。

もしご興味があるようでしたら、Ms. Marot の電話番号は 622-555-1631 になります。何かご不明な点などございましたら、ご遠慮なさらずにお問い合わせください。

敬具

William Kwon
人事部長

**花田語録**

指示語の問題は Part 6 の頻出カテゴリー！
しっかりと**文脈にアンテナを張り**ながら
**誰 or 何のことを指しているのか**
に敏感になろう！

From: Gareth Hudler

To: All employees

Date: August 25

Dear colleagues,

We have hired a photographer to take photos of our personnel for the company Web site. The ------- will **17.** be posted in the "Our People" section. They will be accompanied by a brief profile of each employee. Please make sure to dress ------- for these pictures. **18.** All staff should be in formal attire to show that we are serious about our work and clients. ------- . **19.**

The photos will be taken on September 13. If you ------- in the office on this day, we can make other **20.** arrangements. Please notify your supervisor in advance.

Thank you for your co-operation.

**17.** (A) questions
(B) images
(C) dates
(D) signs

**18.** (A) casually
(B) safely
(C) strictly
(D) professionally

**19.** (A) You need to send it back to me as soon as possible.
(B) Many customers will also be present at the event.
(C) We should try to make as good an impression as possible.
(D) Please indicate your preferred size and color when ordering.

**20.** (A) will not be
(B) are not being
(C) have not been
(D) not to be

**17.** (B) images　カテゴリー **文脈**　攻略法 **精読アプローチ**

選択肢には名詞が並んでいますね。第一文目に空欄は存在しませんが、Part 6は文脈をいかすことが重要なので、視野を広げながらきちんと第一文目から文脈を捉えていきましょう。すると、We have hired a photographer to take photos of our personnel for the company Web site.「カメラマンを起用し、会社のウェブサイト向けに社員の写真撮影を行ってもらうこととした」と書かれたうえで、第二文目に The --- will be posted in the "Our People" section.「その---は "Our People" のセクションに掲載される」と続いていることから、空欄にはphotos の言い換え表現にあたる (B) の images「画像」がふさわしいと判断できますね。第四文目に pictures という単語が使われているのもヒントです。ぜひこの機会に、photos / pictures「写真」は images「画像」に言い換えられるということを認識しておきましょう。

(A) の questions は「質問」、(C) の dates は「日にち」、(D) の signs は「表示」という意味なので文脈と合致しないですね。

**18.** (D) professionally　カテゴリー **文脈**　攻略法 **精読アプローチ**

選択肢から副詞の語彙問題であることがうかがえますね。空欄の前後に Please make sure to dress --- for these pictures.「写真撮影に際して必ず --- 身なりをするようお願いいたします」と書かれていること、および続く文に All staff should be in formal attire to show that we are serious about our work and clients.「仕事や顧客と真剣に向き合っていることを示すべく、全従業員が正装しているべきだ」と述べられていることから、空欄には直前の動詞 dress を修飾する副詞として、(D) の professionally「職業／職場にふさわしく」が入るべきだと判断します。

(A) の casually は「カジュアルに、略式で」という意味で、正解

210

の professionally や続く文のなかで用いられている formal とは逆の意味合いになってしまいますね。Part 6 では**正解の語句と対にあたる文言を用いた罠をかけてくる**ことがしばしばありますので注意しましょう。(B) の safely「安全に」と (C) の strictly「厳しく」も文脈と合致せず、不適切となります。

## 19. (C) カテゴリー **文脈** 攻略法 **精読アプローチ**

前文に All staff should be in formal attire to show that we are serious about our work and clients.「仕事や顧客と真剣に向き合っていることを示すべく、全従業員が正装しているべきだ」と書かれていることから、空欄には (C) の We should try to make as good an impression as possible.「なるべく好印象を与えられるように心掛けていきましょう」がふさわしいと判断します。

(A) の You need to send it back to me as soon as possible. は「できる限り早くそれを私宛てに送り返していただく必要があります」、(B) の Many customers will also be present at the event. は「多くのお客様もイベントに参加されます」、(D) の Please indicate your preferred size and color when ordering. は「ご発注の際にお好きなサイズと色をご提示ください」という意味なので、いずれも文脈と合致しませんね。

## 20. (A) will not be カテゴリー **時制** 攻略法 **速読アプローチ**

選択肢から時制の問題であることがうかがえますね。8月25日付けの本通達にて、第二段落の冒頭で The photos will be taken on September 13.「写真は9月13日に撮影される」という先の日付が明記されていること、および If you --- in the office on this day, we can make other arrangements.「当日オフィスに --- な場合はこちらで代替案を考えます」と告げ

たうえで、Please notify your supervisor in advance.「事前に直属の上司へご連絡ください」と続けていることから、空欄には8月25日の時点で入っている**既存の予定や意向を示す**(A) の will not be が入るべきだと判断します。ちょ、待てよ！ If 節のなかでは will を使っちゃいけないんじゃないっけ？ と思われた方は鋭いですね。たしかに「当日もし雨なら写真撮影会は中止となります」と述べたい場合は、8月25日において9月13日の天気なんて読めないわけですから、**現時点では不明確な状況を想定した条件**を示すべく、If it <u>rains</u> on this day, we will cancel the photo session. とするのが妥当だ（ここで<u>will rain</u> とすべきではない）と言えます。でも本文では、出張やアポ等がすでに入っており、そちらを優先したいがために**当日は不在になることが予めわかっているケース**の話をしているので、will を用いるのはごく自然なことなんですね。この問題は先ほどご紹介した文法知識をもっている上級者の方がむしろ間違いやすい傾向にある「侮れない一問」と言えるかもしれません。

(B) の are not being はその瞬間に起きている状況を表し、(C) の have not been はそれまでの経緯を振り返りながら用いられるため不適切となります。(D) の not to be は不定詞なので、主語の直後に入ることができないですね。

**語彙▶** □ **colleagues** 同僚 (= coworkers / associates)
□ **hire O to do ~** Oを起用して~する業務を委託する
□ **personnel** 職員 (= staff)
□ **post images** 画像を掲載する
□ **accompanied by ~** ~に付き添われる、~が付随する
□ **brief profile** 簡潔なプロフィール
□ **make sure to do ~** 確実に~する
□ **dress professionally** 職務上ふさわしい服を着る
□ **formal attire** 正装
□ **make arrangements** 手はずを整える
□ **notify your supervisor** 直属の上司に知らせる
□ **in advance** 事前に (= beforehand)
□ **co-operation** 協力 (cooperation ともスペルされます)

**訳 ▶ 17～20番は以下の回覧文書に関する問題です。**

差出人：Gareth Hudler
宛先：全職員
日付：8月25日

従業員各位

会社のウェブサイト向けにカメラマンを起用し、社員の写真撮影を行ってもらうことといたしました。その画像は、"Our People" のセクションに掲載されます。そこには従業員各位の簡潔なプロフィールが添えられます。写真撮影に際しましては、職務上ふさわしい服装を心掛けてください。仕事や顧客と真剣に向き合っていることを示すべく、全従業員が正装している必要があります。<u>なるべく好印象を与えられるように心掛けていきましょう。</u>

写真は9月13日に撮影される予定です。当日オフィスにいないことが見込まれる場合、こちらで代替案を考えます。事前に直属の上司へご連絡ください。

ご協力のほど、よろしくお願いいたします。

**花田語録**

たとえ
**第一文目や二文目に空欄がなくても
必ず目を通す**ようにしよう！

October 20

Dear tenant:

A new city regulation ------- that all smoke detectors
                        **21.**
in the building be inspected at least once a year.

In accordance with this rule, we will begin testing
detectors in each apartment next Thursday. The
procedure ------- with the top floor at 2 P.M. and we
             **22.**
expect that it will take about two hours to check all
units in the building.

The inspections require us to activate the detectors.
------- . We have therefore tried to schedule the
**23.**
procedure at a time when most tenants will be
out of the building, but we apologize for any
inconvenience ------- may cause.
                      **24.**

Thank you,

The Management
Stanley Towers

**21.** (A) organizes
(B) reviews
(C) obeys
(D) mandates

**22.** (A) is starting
(B) has started
(C) to start
(D) started

**23.** (A) We are investigating the reason for this.
(B) Some of them have already expired.
(C) This will cause a significant amount of noise.
(D) Please confirm that you have taken care of
the matter.

**24.** (A) later
(B) you
(C) when
(D) this

選択肢に並んでいる語群には、「きちんとやる」といった共通の
イメージを感じることができますね。ゆえに、まず速読をしな
がら大意をつかみつつ、構文上のキーワードを検索していくと
いうアプローチでいきましょう。

空欄の後ろに that all smoke detectors in the building be
inspected というフレーズが続いていますが、ここで重要な
のは「なぜ detectors **are** inspected ではなく detectors **be**
inspected なんだろう？」と疑問に思うことなんですね。

そう、これは152ページで学んでいただいた、「**仮定法現在**」が
適用されているのだと気付けた方はお見事です！ あとは選択
肢の中から**提案・要求・命令**をするような動詞を探し、(D) の
mandates「命じる」を選択できればバッチリです。

mandate はフォーマルで難しい単語ですが、形容詞 mandatory
「強制的な」を引き合いに出して考えれば、「強制的」⇨「命じ
る」といった具合におさえやすくなります。mandates that all
detectors (should) be inspected「全ての感知器をチェックす
るように」というお達しが出されているわけですね。

(A) の organizes「まとめる (= arranges)」、(B) の reviews「確認
する (= examines / checks)」、(C) の obeys「従う (= follows /
observes)」は、いずれも直後に that SV 〜を伴わないので不
適切となります。

またまた時制の問題ですね。これは Part 6 によくあるパターン
なのですが、あちらこちらに**散在しているキーワードを拾い集め
ていく**ことにより正解は見えてきます。

特に注目すべきは前文の we will begin testing detectors、そ
して空欄の後ろに続く it will take about two hours の部分

で、それら2箇所から主語である The procedure はこの先に行われるものであると判断できます。

ところが選択肢には will がついたようないかにも未来の表現が見当たらないので、その代替として (A) の is starting を使うわけです。「**現在形や現在進行形は未来を示唆する語句や文脈のなかで用いられると未来形と同様の機能を果たす**」という時制のルールを是非おさえておきましょう。

現在完了である (B) の has started は現在に至る継続的な状態や経緯、過去形である (D) の started は過去の一時点で行われた行為を表す際に用いられます。(C) の to start は不定詞なので、動詞の機能を果たすことができません。

---

**23.** (C)　　カテゴリー **文脈**　　攻略法 **精読アプローチ**

空欄の前文に The inspections require us to activate the detectors.「検査するにあたり感知器を作動させる必要がある」、後ろに We have therefore tried to schedule the procedure at a time when most tenants will be out of the building, but we apologize for any inconvenience「ゆえに、なるべくテナントの皆様の大半が不在となる時間に作業を進めるよう手配したが、ご迷惑をお掛けして申し訳ない」と続いていることから、空欄には (C) の This will cause a significant amount of noise.「これにより、かなりの騒音が発生してしまうかと思います」が入るべきだと判断します。

(A) の We are investigating the reason for this. は「この原因を調査しております」、(B) の Some of them have already expired. は「それらの一部はすでに期限切れとなっています」、(D) の Please confirm that you have taken care of the matter. は「その件はそちらで対処してくださっている旨をご確認ください」という意味なので、文脈と合致しませんね。

まずは空欄の後ろに may cause という**助動詞＋動詞**が続いていますので、空欄には**主語として機能する名詞**が求められていることがわかりますね。選択肢のなかで名詞とみなせるのは、代名詞である (B) の you と (D) の this なので、あとはどちらが文脈上ふさわしいかを判断していきます。

特にキーとなるのは、空欄の前に書かれていた「かなりの騒音が出ることでご不便をお掛けすることになる」という部分で、空欄には「**この一連の状況**」を指すことができる (D) の this がふさわしいという判断に至ります。

(B) の you を入れると、このレターの読み手である tenant たちが迷惑をかける側になってしまいますので、文脈上おかしいですね。

この We apologize for any inconvenience this may cause. のようなビジネスレターにおける定型表現は、しばしば Part 6 のネタにもなりますので、まるごとマスターしておきましょう。

**語彙▶** □ **city regulation**　市の条例

□ **inspect smoke detectors**　煙感知装置を検査する

□ **at least once a year**　少なくとも年に一度

□ **in accordance with ～**　～に従って

□ **procedure**　手順

□ **expect that ～**　～だと見込む

□ **all units**　全戸

□ **require us to do ～**　我々に～することを求める

□ **activate the detectors**　感知器を作動させる

□ **therefore**　それゆえに

□ **apologize for inconvenience**　不便をかけることに対して謝罪する

□ **cause**　～を引き起こす

10月20日

テナントの皆様へ：

市の新たな条例で、少なくとも年に一度は建物内にある全ての煙感知装置を検査するよう定められております。

この規則に従い、来週の木曜日にマンション全体で感知器の点検を開始いたします。作業は午後2時に最上階から始まり、マンション内にある全戸の感知器を検査するのに2時間ほどかかるものと見込んでおります。

検査するにあたり、感知器を作動させる必要がございます。これにより、かなりの騒音が発生してしまうかと思います。したがいまして、なるべくテナントの皆様の大半がご不在となる時間に作業を進めるよう手配いたしましたが、ご迷惑をお掛けする可能性がございますことを予めお詫び申し上げます。

ご協力ありがとうございます。

管理事務所
Stanley Towers

Part 6 は
**ビジネスレターにおける定型文の宝庫！**
何度も**音読**して**文章ごとおさえてしまおう！**

**Questions 25–28** refer to the following article. (11)

---

New York (April 29) ------- . Known as Pizzazz, it
        **25.**
will feature blouses, skirts, and gowns created by
world-renowned designer Alicia Estefan. Pizzazz
products will be the first offerings from S&J made
entirely with recycled polyester. Moreover, a portion
of the proceeds from sales ------- used to support
                          **26.**
research into eco-fashion and sustainable fabrics.

"With Pizzazz, we're aiming to become an industry
leader in promoting sustainability," said company
spokesperson Trish Bhatia. "We also want to
meet expectations when it comes to style and
appearance." Judging by the sample ------- the
                                    **27.**
company has released so far, it has achieved
its goal. Consumers will be able to purchase Pizzazz
clothing online and at ------- S&J stores in early
                       **28.**
summer.

---

**25.** (A) A major art museum is exhibiting the work of a famous sculptor.
  (B) S&J announced its newer line of evening wear for women.
  (C) An international fashion chain has closed its Korean branch.
  (D) S&J announced its new range of 100% cotton products today.

**26.** (A) have been
  (B) were being
  (C) will be
  (D) had been

**27.** (A) garments
  (B) data
  (C) plans
  (D) performers

**28.** (A) select
  (B) selective
  (C) selection
  (D) selectively

いきなり第一文目に文挿入問題が登場していますね。特にこのパターンの時は、後ろに続く文脈を広範囲にわたって捉えておかないとひっかけにあってしまいがちなので注意しましょう。

まずは第二文目に Known as Pizzazz, it will feature blouses, skirts, and gowns created by world-renowned designer Alicia Estefan.「Pizzazz として知られることとなるそれは、世界的に有名なデザイナーの Alicia Estefan 氏が手がけるブラウス、スカート、ガウンを主力商品として扱っていく」と書かれており、そして第三文目には Pizzazz products will be the first offerings from S&J made entirely with recycled polyester.「Pizzazz 製品は S&J 社にとって初の 100% 再生ポリエステルで作られるアイテムとなる」と続いていますね。これらの文から、S&J というアパレルメーカーが Pizzazz という新シリーズを立ち上げてガウン等の衣料品を手掛けていくという意向が汲み取れるので、空欄が位置する第一文目には (B) の S&J announced its newer line of evening wear for women.「S&J 社が婦人用イブニングウェアの新シリーズを発表した」がふさわしいと判断します。

(D) の S&J announced its new range of 100% cotton products today.「今日、S&J 社が綿 100% で作られた新コレクションを発表した」は、第三文目で書かれている made entirely with recycled polyester「100% 再生ポリエステルで作られる」の部分と 100% cotton products「綿 100% のアイテム」という記述が合わないため、不適切とみなします。(A) の A major art museum is exhibiting the work of a famous sculptor. は「主要な美術館の 1 つが著名な彫刻家の作品を展示している」、(C) の An international fashion chain has closed its Korean branch. は「世界的なファッションチェーンが韓国の支店を閉鎖した」という意味なので文脈と合致しませんね。

本文には Moreover, a portion of the proceeds from sales --- used to support research into eco-fashion and sustainable fabrics.「また、販売によって得られる収益の一部は、エコファッションやサステナブルな (環境に優しい) 生地の研究支援に活用---」と書かれており、選択肢には動詞の変化形が並んでいるので、時制・態・主述の一致という 3 つのカテゴリーを念頭にキーワードをサーチしていきます。すると、**前文までに will がいくつか用いられていること**、および**主語のなかでも主役は a portion (= it)** であることから、空欄には (C) の will be がふさわしいと判断します。

現在完了である (A) の have been と過去進行形である (B) の were being は、いずれも a portion (= it) と主述が一致しないため不適切です。(D) の had been は過去完了で、過去に起きていたことを示す際に用いられます。

選択肢には意味の異なる名詞が並んでいますね。前文までで、S&J というアパレルメーカーが環境に優しい新素材を使って Pizzazz という新シリーズを立ち上げ、環境に配慮しながらもデザイン性を追求していく旨が告げられてきたこと、および本文に Judging by the sample --- the company has released so far, it has achieved its goal.「これまで公開されている --- サンプルから察するに、その目標を成就していると言える」と続いていることから、空欄には (A) の garments「衣料品」が入るべきだと判断します。(B) の data は「データ」、(C) の plans は「計画」、(D) の performers は「役者、演奏者」という意味なので、いずれも文脈と合致しませんね。

選択肢から品詞問題であることがうかがえますね。本文に
Consumers will be able to purchase Pizzazz clothing online
and at --- S&J stores in early summer.「消費者は初夏にオン
ラインと S&J の --- 店舗で Pizzazz の衣料品を購入できるよう
になる」と書かれており、空欄の前後には前置詞 at と名詞 S&J
stores が存在することから、空欄には**名詞 S&J stores を修飾
する形容詞**として (A) の select が入るべきだと判断します。
select は「〜を選ぶ (= choose)」という意味を持つ動詞のみな
らず、「**厳選された一部の (= carefully chosen)**」という意味の形
**容詞としても機能する**ことをぜひマスターしておきましょう。

ちなみに分詞 selected が選択肢にあれば形容詞 select と同
様の意味合いを持つので正解になり得るのですが、(B) の
selective は形容詞でありながらも「眼識のある (目の肥えた)、
えり好みする」という意味になってしまうので、空欄には文脈
上あてはまりません。(C) の selection「選択」は名詞、(D) の
selectively「選択的に」は副詞です。

**語彙 ▶** □ **feature 〜**　〜を主に扱う

□ **world-renowned**　世界的に有名な

□ **offerings made entirely with 〜**　全て〜で作られて提供される
もの

□ **moreover**　さらに

□ **a portion of the proceeds**　収益の一部

□ **sustainable fabrics**　サステナブルな (環境に優しい) 生地

□ **aim to become an industry leader**　業界のリーダーになるこ
とを目指す

□ **promote sustainability**　サステナビリティ (持続可能性) を推進
する

□ **spokesperson**　広報担当者 (spokesman よりもオススメ)

□ **meet expectations**　期待に応える

□ **when it comes to 〜**　〜に関して言えば

□ **appearance**　外観、見た目

□ **judging by 〜**　〜で判断すると

□ **so far** 今のところ
□ **achieve its goal** 自身の目標を達成する
□ **consumers** 消費者

**訳 ▶** 25～28番は以下の記事に関する問題です。

New York (4月29日) S&J 社が婦人用イブニングウェアの新シリーズを発表した。Pizzazz として知られることとなるそのシリーズは、世界的に有名なデザイナーの Alicia Estefan 氏が手がけるブラウス、スカート、ガウンを主力商品として扱っていく。Pizzazz の製品は、S&J 社にとって初の 100% 再生ポリエステルで作られるアイテムとなる。また、販売によって得られる収益の一部は、エコファッションやサステナブルな（環境に優しい）生地の研究支援に活用される。

「Pizzazz と共に、サステナビリティ（持続可能性）を推進する業界のリーダーになることを目指しております」と同社の広報担当者である Trish Bhatia 氏は語る。さらに「スタイルや見た目に関しても期待に応えたいと考えております」と続けた。これまで公開されている衣料品サンプルから察するに、その目標は成就されていると言えるだろう。消費者は初夏にオンラインと S&J の一部店舗で Pizzazz の衣料品を購入できるようになる見込みだ。

**花田語録** 第一文目に文挿入問題が登場したら、
広範囲にわたって読み進めながら
ヒントを模索しよう！

## チャリティセミナー

# *Why don't you join us?*

**僕**には、かけがえのない仲間がいます。2011年3月11日——あの東日本大震災からもうすぐ10年の歳月が経とうとしていますが、「ずっと一緒に歩んでいこう！」と胸に刻み、2011年3月19日の第1回から2019年4月29日の第9回目までTOEICチャリティセミナーを開催してきました。受講者の皆様からお預かりした参加費等は累計4,643,554円となり、全額を東北の子供たちの教育や生活の支援として寄せさせていただきました。これは、ひとえにこれまで参加してくださったのべ891名の受講生の方々、会場を使わせてくださっている朝日新聞出版様、サポートスタッフ、そして無償で登壇してくれている講師仲間、をはじめとした皆様のおかげです。

心からの感謝の意を込めて、これまで運営に携わってくださった方々のお名前を列挙させていただきます（講師名は登壇順です）。

| | | |
|---|---|---|
| HUMMER さん | 神崎正哉さん | TEX 加藤さん |
| OJiM さん | Rabbit さん | 清涼院流水さん |
| Joy さん | Jun さん | Tommy さん |
| HBK さん | Jet Bull さん | ヒロ前田さん |
| 冨田三穂さん | AKKO さん | あずきさん |
| 渡邉真理子さん | 齋藤太郎さん | |

残念ながら2020年度はコロナの影響で開催が叶いませんでしたが、2021年以降は、諸々のことに配慮しながら、毎年4月29日に引き続き行っていきます。

あの2011年に生まれた子供たちはまだ小学生です。苦難を乗り越えて頑張っている中学生や高校生も大勢いることでしょう。微力ながら、チャリティセミナーを介して東北の方々と一緒に歩んでいきたいと考えておりますので、ぜひ読者の皆様にも機会がありましたらご参加いただけますと幸いです。

*Where there is a will, there is a way.*
意志があるところに道ができる！

第6章

# ここで差がつく 24題

この章の解答目標タイム
**5分15秒**

# 急勾配を上りきれ!

# Hang in there!!

この章では、**さらなる高得点を目指すにあたって重要な問題を**扱っていきます。いよいよ急勾配にさしかかってきましたから、しっかりと手すりにつかまっていてくださいネ！

出発前に一言。**間違えながらで結構ですから、一緒に軌道修正をしていきましょう！** これがこの章の合い言葉です。

**1.** ------- the captain has turned off the
   fasten seatbelts sign, passengers are
   free to move about the cabin.

   (A) Once
   (B) However
   (C) Already
   (D) In addition to

花田ナビ

🕐 解答目標タイム 10 秒

空欄に副詞を入れてもカンマの前後はつながらないですね。

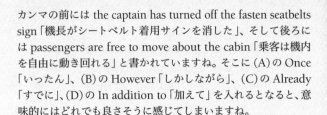

カンマの前には the captain has turned off the fasten seatbelts sign「機長がシートベルト着用サインを消した」、そして後ろには passengers are free to move about the cabin「乗客は機内を自由に動き回れる」と書かれていますね。そこに (A) の Once「いったん」、(B) の However「しかしながら」、(C) の Already「すでに」、(D) の In addition to「加えて」を入れるとなると、意味的にはどれでも良さそうに感じてしまいますね。

Part 5 を解いていてこういった「危険信号」を察知したら、すぐに文脈から構文のアプローチに切り替えていきましょう。

空欄にはカンマの前後をつなぐ機能が求められているのですが、後ろには the captain has turned という **SV (節)** が見受けられますので、正解は接続詞の機能を持つ (A) の Once になります。詳しくは以下のサプリをご覧いただきたいのですが、**once** は副詞の機能だけなく、**when や if と同じく時・条件を表す接続詞としても機能する**ことを是非おさえておきましょう。

(B) の **However** と (C) の **Already** は副詞、(D) の **In addition to** は前置詞なので節をつなぐことはできず、不適切となります。

---

副詞 **once** と接続詞 **once** の使い方をそれぞれ例文で確認しておきましょう。

**副** I've been to Sri Lanka **once**. / I go to the gym **once** a week.
　　　　　　　　　　　　　　　　　　　「一度 (= one time)」

**副** The hotel was **once** home to the king of Spain.
　　　　　　　　　　　　　　　　　　　「かつて (= in the past)」

**接** You can't change it **once** you've signed up.
　　　　　　　　　　　　　　　　　　　「一度〜すると (= if / when)」

---

**訳▶** 機長がシートベルト着用サインを解除いたしましたら、乗客の皆様はご自由に機内を歩き回っていただけます。

花田
語録

**once** は**副詞**だけでなく**接続詞としても機能**する！

230

**2.** Ms. Chou ------- that the missing document was simply put into the wrong file folder.

(A) concerns
(B) suspects
(C) remits
(D) provokes

花田ナビ

⏱ 解答目標タイム 20 秒

直後に that 節を従えることのできる動詞はどれでしょうか？

選択肢に並んでいる単語のうちいくつかは文脈的に合致するように思えてしまいませんか？ そう感じたら、文脈のアプローチを素早く断ち切って、構文上のキーワードを探すべきですね。

今回のポイントは直後に that SV と続いているところにあり、その語法をとれるのはズバリ (B) の suspects です。是非 suspect は「疑う」という意味だけでなく、**suspect that SV**「S が V なのではないかと思う」という語法までおさえておきましょう。本文では suspects that the missing document was simply put into the wrong file folder「なくなっていた書類は単に違うファイルに入れられていたのではないかと考えている」わけですね。

(A) の concerns は「心配」という感覚だけで捉えていると本文と合致するように感じてしまうのですが、**concern 人 that SV**「人を SV ということで不安な気持ちにさせる」という語法ごとおさえておけば、本文のように Ms. Chou という人を主語として前に出した時に、Ms. Chou **is concerned that SV** のように用いるべきであると判断でき、候補から外せます。

(C) の remits は「送金する (= sends a payment)」、(D) の provokes は「(人を) 怒らせる、(感情を) 駆り立てる」という意味で、これらも直後に **that 節**をとらないので不適切となります。

ちなみに the document was **put into the wrong file** を the document was **misplaced** とパラフレーズする (置き換える) こともできますので、併せておさえておきましょう！

**訳**▶場所がわからなくなっていた書類は単に本来とは違うファイル入れに収められていたのではないかと Ms. Chou は考えている。

---

**花田語録**

**suspect that SV... vs. concern 人 that SV...**
語法の違いに注意！

**3.** Ms. Kumsan's ability to work well under pressure made a ------- impression on her supervisors.

(A) favorable
(B) favor
(C) favorite
(D) favors

花田ナビ

⏱ 解答目標タイム 10 秒

同じ品詞で候補が2つ挙がってくるはずです。
文脈上のキーワードも活用してみましょう！

空欄の前後に冠詞 a と名詞 impression が揃っているので、**名詞を修飾する機能を持つもの**として形容詞を探しにいくと、厄介なことに (A) の favorable と (C) の favorite の2つの形容詞が候補に挙がってきてしまいます。

どちらの形容詞が make an impression「印象を与える」という表現と相性が良いかを判断するのですが、ここは (A) の favorable「人から好まれるような」を用いて、**make a favorable impression**「好印象を与える」という表現を完成させるのがふさわしいと考えます。

(C) の favorite は「最も気に入っている」という意味の形容詞で、This is one of my **favorite** songs. のように用いられます。favorite には「一番」という感覚がすでに込められていますので、<u>my most favorite song のように最上級で使わないようにご注意ください</u>。ちなみに欧米人は、one of my favorite songs「最も好きな曲の1つ」という厳密な言い方をする傾向があるということもマメ知識としておさえておかれるといいですよ。

(B) の favor は「好意、支持」という意味の名詞（例：Would you do me a favor?）、および「ひいきにする」という意味の動詞として用いられます。

---

impression を用いた表現をいくつかご紹介しましょう。

make an **agreeable** impression
　　　　　　　　　「好印象を与える (= a favorable impression)」
**give**/**create** a **good**/**bad**/**poor** impression
　　　　　　　　　　　　　　　「良い／悪い印象を与える」
be **under the impression** that SV 「SV という印象を持っている」

---

**訳▶** Ms. Kumsan は重圧のなかで仕事をすることができる人で、その能力が上司に好印象を与えた。

**favorable** と **favorite** は両方とも**形容詞**。
しっかり使い分けよう！

**4.** Since the office manager left on maternity leave, her two assistants have ------- most of her responsibilities.

(A) been handled
(B) handle
(C) to be handled
(D) been handling

花田ナビ

⏱ 解答目標タイム 15 秒

時制・態・主述の一致…… さて今回のポイントは？

**4.** (D) been handling     カテゴリー **態**    攻略法 **構文先行型**

選択肢の並びから、**時制のバリエーションに乏しく**、空欄の前で her two assistants have という**主述が既に一致していること**がわかるので、**態**の観点でアプローチしていきます。

態の問題における最大のチェックポイントである「**空欄の後ろに目的語があるか否か**」を素早く見てみますと、空欄の直後に most of her responsibilities という**名詞句＝目的語**が存在していることがわかりますね。したがって、「most of her responsibilities を handle する」という**能動態**を形成するべく、(D) の been handling を選択します。

(B) の handle も能動態なのですが、動詞の原形なので have の直後に入ることはできず、不適切となります。

(A) の been handled と (C) の to be handled は be + -ed から成る**受動態**ですので不適切です。

この問題は空欄直前の **have** だけに気をとられず、**ロジカルに解くことができたか**がポイントでした。正解できた方、お見事です！

> 本文中にある **leave** という単語は動詞ではなく「休暇」を表す**名詞**として用いられています。**maternity leave** は「matern-（母）になるための休暇」→「産休」、そして日本でも **paternity leave**「父親になるための休暇」が徐々に浸透してきましたね。類似表現は以下のとおり。
>
> The manager is on sick leave.     ← 病欠
>
> The manager is taking a leave of absence.
>
>            ↖ 理由は明示しない言い方

**訳 ▶** オフィスマネージャーが産休に入ったので、彼女に付いている2人のアシスタントが彼女の代わりにほとんどの業務をこなしている。

花田
語録

完了形の **have** に惑わされず、**目的語に注目**しながら
態の問題を処理していこう！

236

**5.** If customers are ------- dissatisfied with our products, they may return the merchandise to us for a full refund.

(A) any

(B) when

(C) ever

(D) since

 花田ナビ

🕐 解答目標タイム 10 秒

選択肢には異なる品詞が並んでいることにご注目！

この問題では、まず選択肢を吟味して、**複数の品詞が混在している**ことに気付ければ、うまく構文先行型アプローチをとることができます。

空欄の前後では If customers are dissatisfied with our products と節の要素が揃っていますので、ここは前置詞や接続詞のような接続の機能を果たすものではなく、**修飾語**として**副詞**である (C)の **ever** を選択するのが正解です。

この **ever** は Have you ever been to New York? などの文章に見られる「今まで」という意味ではなく、「**とにかく (= in any way)**」という意味で**強調を加える**働きをします。

(A)の **any** にも副詞的な機能はあるのですが、any **more** / any **better** / any **worse** / any **longer** / any **farther** のように比較級に対する強調語としてしばしば用いられます。また、If customers are dissatisfied with **any** of our products のように代名詞として機能させたり、If customers are dissatisfied with our products in **any** way のように形容詞として用いれば、本文のような文脈にもフィットします。

(B)の **when** は接続詞、(D)の **since** は接続詞および前置詞として機能するもので、修飾語ではないので不適切となります。

一昔前の TOEIC では、前置詞 vs. 接続詞 vs. 修飾語の問題において副詞は「ひっかけの選択肢」としてのみ起用されていましたが、近年は、この問題のように**前後をつなぐ機能は求められていない**ので「逆に修飾語が正解になるパターン」というのも出題されてきていますから、是非ご注意いただきたいところです。

**訳**▶当社の商品にいかなることでもとにかく不満があれば、買い手は全額返金の形で返品が可能です。

---

花田
語録

**ever は副詞で、**
**前後の要素を強調する機能も持っている!**

238

**6.** The new laptop computer is ------- of processing information at twice the speed of the previous version.

(A) enable
(B) possible
(C) capable
(D) available

花田ナビ

⏱ 解答目標タイム 15 秒

選択肢に意味的な類似性があるので、構文上の
キーワードを探していきましょう！

空欄には似通った意味の言葉が並んでいるので、構文先行型アプローチをとりながら、キーワードを探してみましょう。

ポイントは、空欄の前に The computer is という主語と be 動詞、後ろに of processing information が続いているという点です。選択肢のなかで唯一、この語法を持っているのは (C) の capable です。**S is capable of doing〜**「Sは〜する能力を持っている」という表現ごとおさえてしまいましょう。

(A) は **enable O to do〜**「Oが〜することを可能にさせる」、(B) は **It is possible (for…) to do〜**「(…が)〜することは可能である」、(D) は **S is available to do〜**「Sは〜するのに利用可能である」のような語法を持っています。これらは、以下のように用いることが可能です。

(A) The new processor **enables** the computer to process information at twice the speed of the previous version.
(B) It is **possible** for the computer to process information at twice the speed of the previous version.
(C) The new computer is **available** to process information at twice the speed of the previous version.

形容詞 capable に関連する名詞は2つあります。それらの使い方を含め、例文の中でおさえておきましょう。

The elevator is **capable** of holding up to ten people.
The elevator has the **capability** of holding up to ten people. 「能力」
The elevator has the **capability** to hold up to ten people. 「能力」
The elevator has a holding **capacity** of ten people. 「定員・容量」

**訳▶** その新型ラップトップ・コンピューターは前のバージョンに比べ2倍のスピードで情報処理することが可能である。

**capable / enable / possible** に関する
語法の違いをおさえておこう！

**7.** The committee has made a selection, but it is subject to ------- by management.

(A) approving
(B) approve
(C) approved
(D) approval

花田ナビ

🕐 解答目標タイム 10 秒

空欄の前にある to は前置詞です！

**7.** (D) approval   カテゴリー **品詞**   攻略法 **構文先行型**

今回、注目すべきはズバリ空欄直前にある **S is subject to～** という表現なのですが、注意したいのはその中で用いられている to が不定詞ではなく、**前置詞の to** であるという点です。前置詞の直後ですから、動詞の原形である (B) の approve を空欄に入れることはできません。

前置詞 to の後ろに続くべきは名詞相当語句なので、**動名詞**である (A) の approving と**名詞**である (D) の approval が候補に挙がるのですが、空欄の後ろには目的語がないことから動名詞 approving を使う意義が見当たらず、ここは名詞である (D) の approval がふさわしいと判断します。

**S is subject to～** には「～を受ける可能性がある」をはじめとした様々な使い方があるのですが、本文では「～に従うべきものである」という意味で用いられています。本文の **it is subject to approval by management**「それ (その選択) は経営陣の承認を受ける必要がある」という文章ごとおさえておけば、ビジネスシーンでも使える便利な表現が1つ増えますよ。また、この subject は be 動詞の後ろで用いられているとおり、**形容詞**として機能しているということも意識しておかれるといいでしょう。

不定詞 to のように見えて、実は前置詞 to であるものをご紹介します。

We look forward **to** seeing you in Japan next week.
「～を心待ちにする」

I am used/accustomed **to** getting small amounts of sleep.
「～に慣れている」

ABC Inc. is close **to** merging with XYZ Corp.
「～間近である」

**訳▶** 委員会は採決を行ったのだが、経営陣から承認を受けなければならない状態にある。

**be subject to** の **to** は不定詞ではなく**前置詞**。
後ろには動詞の原形ではなく**名詞**や**動名詞**などが続く!

**8.** You may keep the sample as a gift -------
you decide not to make a purchase.

(A) or

(B) even if

(C) but

(D) as though

花田ナビ

🕐 解答目標タイム 20 秒

選択肢に並んでいる語句は全て接続詞なので、空欄前後の
文脈をつなぐのに最も意味的に自然なものを選びましょう！

選択肢には接続詞ばかりが並んでおり、文法的にはなかなか判断がしづらいところなので、文脈をいかします。

空欄前では You may keep the sample as a gift「そのサンプルはプレゼントとして差し上げます」、後ろでは you decide not to make a purchase「お買い物はしないとお決めになる」と述べられていますので、(B) の **even if**「たとえ〜でも」がふさわしいとみなします。この even if は接続詞 if に「〜さえ」という意味の副詞 even がくっついて出来た接続詞で、「〜という場合でさえも」→「たとえ〜でも」という意味になります。

(D) の **as though** は as if と同様「まるで〜のように」という意味だとおさえておけば、うまく識別ができ、ひっかかりにくくなります。

(A) の or は「さもなければ」、(C) の but は「しかし」という意味なので、文脈と噛み合わないですね。

---

even if「たとえ〜でも」と as if/as though「まるで〜のように」を比較対照してみましょう。as if/as though の後ろには現実には起こっていない話が展開されるので、しばしば仮定法が使われます。

We won't be surprised **even if** it is a true story.

　　　　　　　　　　　　「たとえ実話でも (現実的)」

Mr. Inagawa talked **as if/as though** it were a true story.

　　　　　　　　　「まるで実話であるかのように (仮想的)」

**訳▶** たとえお買い物はしないとご決断されても、そのサンプルは無料のプレゼントとして差し上げます。

---

花田
語録

**even if** は「**たとえ〜でも**」という意味の接続詞で
if を **even** で強めたものと位置づけておくとよい！

**9.** The ------- students spend studying and preparing, the more likely they are to score highly on the exam.

(A) long
(B) longer
(C) longest
(D) length

花田ナビ

⏱ 解答目標タイム 10 秒

空欄の前にある the だけをヒントにすると危険です！

選択肢には原級・比較級・最上級などが並んでいますので、早速キーワードを探しにいきます。

空欄の前に定冠詞 The があるので、最上級である (C) の lon-gest を選択したくなるところですが、カンマの後ろまでご覧いただくといかがでしょうか？

そこには the more likely という比較級が用いられていますね。これは特殊な用法の1つで、**The + 比較級 ① , the + 比較級 ②**「比較級①であればあるほど、より比較級②である」という表現としてぜひマスターしておきましょう。本文でも比較級である (B) の longer が正解になります。

88ページで「空欄前に the があったから最上級を選んだ、という方は決して悪くないのですがちょっと危険です」と警鐘を鳴らした理由がここでおわかりいただけたかと思います。

ビジネスの場面では、When do I need to submit the report?「報告書はいつ提出すればよろしいでしょうか？」と質問すると、上司から **The sooner, the better.** などといった答えが返ってくるというシーンがよくあります。本来であれば **The sooner** you submit the report, **the better** it would be. と述べるところですが、本場の英語ではわかりきっている箇所は省略して、太字の部分だけ残す傾向がありますので、我々もマネしていきたいところです。

ちなみに (D) の length「長さ」は long の名詞形になります。

---

**訳▶** 学習者が、より長い時間勉強と対策をすればするほど、試験で高いスコアを取得できる確率がより高くなる。

花田
語録

the がきたら**最上級**とは限らない！
the **+比較級**のような例外もある！

**10.** When the driver gets to the office tower,
he should go ------- the building and
turn into the employee parking lot,
where the client will be waiting outside.

(A) past
(B) about
(C) over
(D) after

🕐 解答目標タイム 20 秒

空欄に並んでいる前置詞は
自動詞 go に名詞 the building をつないでいます。
さてどのように go するのでしょうか？

選択肢には前置詞が並んでいますので、文脈をいかしながらアプローチしていきましょう。

キーワードは空欄直前の go と直後の the building で、その**不動の建物**は go のベクトルを明示するうえで**基点となる要素**ですから、(A) の past「過ぎて」を選択して **go past the building**「その建物を通り過ぎる」とするのが妥当だと判断します。

(C) の over も「越えて」という感覚を持つので正解になりそうな気がしてしまうのですが、go と一緒に go over という表現として用いる場合は**資料**などを伴い、**go over the document**「書類に目をとおす (= examine / check the document)」のような使い方をします。

(B) の go about は **go about a project**「プロジェクトにとりかかる (= work on a project)」のように**タスク**などが目的語となります。

(D) の go after は **go after you**「人の後に続く」のように**ターゲットとする人物**を伴うことはできます。

> go を用いたその他の表現で、TOEIC 的に重要なものをご紹介します。
>
> The company **went through** a difficult time.
> 　　　　　　　　　　　　　　　　「困難な時期を経た (= experienced)」
> The company **went under**.　　「倒産した (= went bankrupt)」
> You'll learn how to use this software as you **go along**.
> 　　　　　　　　　　　　　　　　　　　　　　「進む (= proceed)」
> The new policy will **go into effect** next month.
> 　　　　　　　　　　　　　　　　　　　「施行される (= be implemented)」

**訳▶** 運転手の方は、オフィスタワーに到着されましたらそのまま同タワーを通り過ぎて、従業員用駐車場にお入りください。そちらで、お客様には外に出て待っていただくことになっております。

---

花田
語録

**go past 場所**「場所を通り過ぎる」という表現をおさえておこう！

**11.** The founder of the company ------- a speech at the upcoming banquet, just prior to the presentation of awards.

(A) had made
(B) making
(C) has made
(D) is to make

花田ナビ

⏱ 解答目標タイム 15 秒

時制の問題です。タイミングを表す語句を
拾い集めてみましょう！

選択肢から時制の問題であると判断できますので、タイミングを感じさせるキーワードを探してみますと、at the upcoming banquetというフレーズが見つかります。

**upcoming**はcoming upが合体して出来上がった形容詞で、**forthcoming**や**future**と同様「来たる」という意味を持っています（よくスポーツのダイジェスト番組を観ていても Coming up next! と流れてきますよね）。

そしてさらに読み進めていくと、カンマの後ろに**prior to**という表現が使われていますが、これは**priority**「優先順位」から想像できるとおり、「〜より先に (= **before**)」という意味の前置詞なんです。

よって、以上2つのキーワード（特に upcoming）から、空欄には**未来**を表すことのできる (D) の is to make がふさわしいと判断します。

is to makeというスペルだけを見ると「なんだ現在形じゃないか！」と思われるかもしれませんが、この S **be to do**〜という表現はS **be going to do**〜と同じくtoの部分が「〜する方向に向かっている」という意味を持つので、「**Sは〜する予定である**」というかなり**確定的な未来**を表します。特にフォーマルな場面で使われる傾向にあり、例えば私のような一般 people ではなく CEO や大統領クラスの人間の予定を、Biden **is to visit** Japan. のように表します。新聞のタイトルなどでは Biden **to visit** Japan のように be動詞が省略されたりすることもありますので、慣れておかれるといいですよ。

**訳▶** 来たるパーティーの席で賞が授与される直前に、その会社の創設者がスピーチを行うことになっている。

S **be to do** 〜は S **be going to do** 〜と同様
**確定的な未来**を**フォーマル**に表す手法である！

**12.** Ms. Ackerman has visited the Madrid branch so often that she feels ------- she were already working there.

(A) about

(B) when

(C) that

(D) as if

🕐 解答目標タイム 15 秒

動詞 feel だけで答えを決めてしまわず、
その他のキーワードも検索してみましょう！

この問題では「空欄直前に feel があるからこれにしよう！」という解き方で多くの方が答えを選ばれるのではないでしょうか？ でも実は、**feel という動詞には様々な使い方があるので、その決断の仕方はかなり危険です。**

あらためて選択肢を見てみましょう。**前置詞や接続詞**が並んでいますね。ということは、着眼点はズバリ空欄の後ろです。後ろには**節が続いている**ことから、瞬時に**接続詞の出番**であると判断できるのですが、選択肢には複数の接続詞が存在する。ウ〜ンどうしたらよいものか？ 和訳しなきゃいけないのか？

いえいえ、その必要はありません。実はもうすでに皆さんはキーワードを目にしていらっしゃいます。空欄の後ろに何か「おっ、いつもと違うぞ！」という箇所がありませんでしたか？ そうです、she **were** という**仮定法**が用いられていたんですね。あえて she **is** を she **were** とすることによって、「これは私の妄想です。現実とは異なる話を夢物語として描いています」ということを読者に伝えようとしているわけです。したがって、(D) の **as if**「まるで〜のように」が正解になります。244 ページの解説をよくご理解いただいていた方はこの問題をスムーズに解けたかもしれませんね。

(C) の that は **feel that SV** のように接続詞として機能するのですが、「**実際に起きている現実**」を感じながら使うものなので、仮定法が用いられるのはおかしいと判断します。

(A) の about は前置詞なので、How did you feel **about** her speech? のように節ではなく名詞を伴います。

**訳▶** Ms. Ackerman はマドリッド支店へあまりにも頻繁に行くので、あたかも同支店で働いているかのような錯覚を覚えている。

花田語録

**feel とひと口に言っても色々な感じ方（使い方）がある。現実のことか非現実的なことかを見極めよう！**

**13.** The International Peace Conference
------- as planned on Saturday.

(A) concluded

(B) held

(C) achieved

(D) invited

花田ナビ

🕐 解答目標タイム 10 秒

空欄の後ろに目的語はありますか？ ないですか？

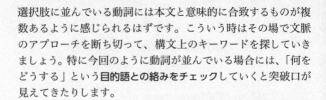

選択肢に並んでいる動詞には本文と意味的に合致するものが複数あるように感じられるはずです。こういう時はその場で文脈のアプローチを断ち切って、構文上のキーワードを探していきましょう。特に今回のように動詞が並んでいる場合には、「何をどうする」という目的語との絡みをチェックしていくと突破口が見えてきたりします。

本文では空欄の後ろに as という前置詞があって補足情報がつながれている、つまり目的語がない状態ですので、空欄には自動詞的機能を果たす (A) の concluded がふさわしいと判断します。あまり馴染みのない単語だと思いますが、名詞 conclusion「結論」、その動詞形が conclude「終わる (= end)」と捉えておけばうまく覚えられると思います。**The conference concluded/ended on Saturday.** というコンパクトな文章でおさえてみてはいかがでしょうか？ ちなみに conclude は They concluded the conference on Saturday. のように他動詞として使うことも可能です。

(B) の held は「〜を持った、〜を催した」という意味の他動詞で、**hold a conference** のように用います。(C) の achieved も「〜を達成した」という意味の他動詞で、**achieve the goal** のように使います。(D) の invited も「〜を招待した」という意味の他動詞で、**invite people to the conference** のように用います。

conclude や end と似たような使い方をする culminate という単語もおさえておきましょう。かつて Part 5 で出題された重要単語です。

The five-day conference **culminated** on Saturday.
「5日にわたる会議が土曜日に閉幕した」

**訳▶** 国際平和会議は予定どおり土曜日に閉幕した。

花田
語録

**conclude** には**自動詞**の機能もある！

**14.** All the passengers in this aircraft are required to wear seat belts ------- on board.

(A) despite

(B) while

(C) during

(D) and

花田ナビ

🕐 解答目標タイム 15 秒

空欄と直後の on の間に何かが省略されていると
考えると解きやすくなりますよ！

問題文において「搭乗している間はシートベルトを着用してください」という指示が出されていることは明らかなのですが、多くの方が2つの選択肢の間で悩んでなかなか動けない状態に陥ってしまいがちなところです。

(B)を選んで while on board とするか、それとも (C)を用いて during on board とするべきか……う～ん迷いますね。while は**接続詞**なので節をつなぎ、during は**前置詞**なので名詞をつなぐはずなのですが、空欄の後ろにあるのは on board のみ。

実は空欄の直後では省略が行われています。「誰が搭乗しているのかはわざわざ書かなくてもわかるでしょ」という考えから、本来であれば --- the passengers are on board とするところを --- on board と端折ったわけです。したがって、**もともと the passengers are という主語と動詞が入っている**とみなし、接続詞である (B)の while を選択するのが正解でした。たまに while the passengers on board と主語を残して be 動詞だけ省略している方を見かけますが、**主語と be 動詞はセットで省略する**ようにしましょう！

while と同様、後ろで SV が省略されるタイプの接続詞をいくつかご紹介しておきます。重要なのは、「**主語と be 動詞をセットで省略する**」という点です。

**When** using your new camera, please read the manual carefully.
(= When <u>you are</u> using ～)
Please come see me tonight **if** possible. (= if it is possible)
Our sales figures were lower **than** expected.
(= than they had been expected)

**訳▶** 当機では乗客の皆様に、ご搭乗の間シートベルトの着用をお願いしております。

while などの接続詞の後ろで**主語と be 動詞が
セットで省略**されることがある！

**15.** An investigative report ------- last year alleges that a local brokerage firm had intentionally misled investors.

(A) published

(B) is publishing

(C) was published

(D) publishes

花田ナビ

⏱ 解答目標タイム 20 秒

本当に空欄部分には動詞が入るんでしょうか？
もう少し視野を広げていけば、きっと見えてきますよ！

「この文章を和訳してください」って頼まれたら途方に暮れてしまいそうですが、選択肢を見れば少し安心できますね。そう、構文を中心に処理していけばいいんです。

先ずは空欄部分で目を止めずに、2行目にある動詞 alleges の存在に気付くことができると素晴らしいです。そうすれば、1行目は**長い主語のかたまり**と捉えることができ、空欄部分は直前の名詞 A report に対する補足情報に過ぎないという判断をしながら、分詞である (A) の published を選択できるようになります。解りづらい方は、A report <u>which was</u> published last year alleges that SV... のように主格の関係代名詞と be 動詞を補いながら考えていくのも1つの手です。

残りの選択肢を選んでしまった方は、**目の動かし方**に改善の余地があります。構文を捉える際に空欄で目を止めてしまうと、A report が主語で空欄が動詞のように見えてしまうため、特に受動態である (C) の was published が正解に感じてしまうわけです。これを教訓にして、今後は空欄の後ろまで走り抜けて、alleges という動詞がすでに存在しているから残りの選択肢は全て消去！ というふうにスパっと解けるようにしていきましょう。

allege は難易度の高い単語なのですが、TOEIC や報道の世界ではよく登場します。「**say のフォーマル版**」と位置づけておくのが実践的です。また、副詞 **allegedly**「伝えられるところによると」は品詞の問題で出題されたこともある重要な報道用語ですので、おさえておくといいですよ。

The actor was arrested for **allegedly** buying some illegal drugs.
「(まだはっきりしたわけではないが) 麻薬取引の疑いで逮捕された」

**訳▶** 昨年出された調査報告書は、地元の仲介業者が意図的に投資家を欺いたと伝えている。

花田
語録

空欄前後に**動詞が明示されている場合**は、
**分詞**の可能性を探ろう！

**16.** The new Tohk software has been very popular, since there is ------- like it on the market.

(A) no one

(B) neither

(C) nothing

(D) nobody

花田ナビ

🕐 解答目標タイム 15 秒

選択肢はどれも似た意味を持つ否定語ですね。
空欄直後にある like の正体は？

まず、選択肢に並んでいる単語はいずれも否定語で、意味的にも似通っていますね。ですから、大いに文脈をいかしていきましょう。

すると、カンマの前に The new Tohk software has been very popular「新しいソフトウェアである Tohk は大変な人気を博している」と書かれており、カンマの後ろには since there is --- like it on the market「そういったものが市場に --- なので」と続いていますね。ここで注目すべきは、空欄の直後に who のみが省略されていると考えることはできないので、like は「〜を好む」という意味の動詞ではなく、**「〜のような」という意味を持つ前置詞**で、その後ろの it が software のことを指しているという点です。**software は人ではなくモノ**ですから、空欄には代名詞として (C) の nothing「何も〜ない」が入るべきだと判断します。

残りの選択肢は、以下のように使うことができます。
(A) は there is **no one** like you 「あなたのような方はいない」
(B) は **neither** one is expensive 「いずれも高額ではない」
(D) は **nobody** likes it 「それを好きな人は誰もいない」

ちなみに、本文の Tohk は巷で使われている Tik なんちゃらのことではなく、僕が大好きな「東北」に因んだネーミングです。

否定的な意味を持つ語句を用いた表現をいくつか列挙しておきます。
They **no longer** produce the item. 「その商品をもう製造していない」
It'll be delivered by Friday, if **not** sooner. 「遅くとも金曜日には届くはずだ」
We have **yet** to fix the date and time. 「その日時をまだ確定できていない」

**訳▶** 新しいソフトウェアである Tohk は、そういったものが市場に皆無なので、大変な人気を博している。

花田
語録

**指示語**の問題は文脈をいかしながら、
**誰 or 何**に言及しているのかを探ろう！

**17.** ------- purchases a subscription to the print edition of *Aviation World* magazine will also have access to exclusive online content.

(A) Anyone

(B) Whoever

(C) Those

(D) All

花田ナビ

🕐 解答目標タイム 10 秒

選択肢には同じような意味を持つ単語が並んでいますね。
文中で使われている語句の形に注目！

選択肢には同じような意味を持つ代名詞が並んでいることから、構文にフォーカスをあてていきましょう。

すると、冒頭に位置する空欄のうしろに purchases a subscription to the print edition of *Aviation World* magazine と続いたうえで、will also have access という助動詞と動詞が用いられていることがわかりますね。つまり、will の前までが長〜い主語で、空欄に主語の主役が求められているわけですから、空欄には先行詞 anyone と主格の関係代名詞 who が合体したような仕事をすることのできる**複合関係代名詞**が求められているとみなし、(B) の Whoever「〜する人は誰でも (= Anyone who)」を選択します。

残りの選択肢は複合関係代名詞ではなく、**単なる代名詞**です。以下で比較対照しながら、違いを認識しておきましょう。

| | |
|---|---|
| **Whoever** purchases a subscription | ← whoever が who を含む |
| **Anyone** who purchases a subscription | ← who でつなぐ必要あり |
| **Anyone** purchasing a subscription | ← 分詞で限定するなら◎ |
| **Those** who purchase a subscription | ← who でつなぐ必要あり |
| **Those** purchasing a subscription | ← 分詞で限定するなら◎ |
| **All** purchasing a subscription | ← 分詞で限定するなら◎ |
| **All** the people who purchase a 〜 | ← 形容詞として名詞を飾る |

分詞を使って Those などの代名詞をうしろから限定修飾する用法は、本書の141〜142ページにも掲載されておりますので、あわせてご参照ください。

**訳▶** *Aviation World* 誌の紙版を定期購読する人は誰でも、購読者限定のオンライン・コンテンツも閲覧可能になる。

花田
語録

複合関係代名詞である whoever は、
anyone と who の機能を兼ね備えている！

**18.** Recent ------- of Meling Institute's legal secretarial studies program have gone on to work at many high-profile law firms.

(A) graduate

(B) graduation

(C) graduated

(D) graduates

 花田ナビ

⏱ 解答目標タイム10秒

選択肢には同じ品詞がいくつか並んでいますね。

品詞の問題なので、先ずは右に目を素早く走らせながら構文上のヒントを模索していきましょう。

まずは空欄の前に Recent という形容詞があり、空欄の後ろでは前置詞 of により Meling Institute's legal secretarial studies program の部分がつながれたうえで、have gone という動詞が用いられていることから、空欄には**主語として機能する名詞**が入るべきだと判断できます。

ところが、(C) の graduated を除く残りの選択肢は全て名詞として機能するとみなすことができるので、**主述の一致という別の視点も組み入れてみると**、動詞が have gone という形をしていることから、**have** の部分と一致する名詞の複数形が空欄に求められていると考え、(D) の graduates「卒業生たち」を選択します。

(A) の graduate も「卒業する」という意味を持つ動詞の原形であると同時に、「卒業生」という意味を持つ名詞でもあるのですが、単数形なので動詞の部分は has gone のように一致させるべきですね。(B) の graduation「卒業」も名詞の単数形なので、主述が一致しません。(C) の graduated は動詞の過去形、および過去分詞です。

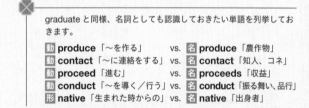

graduate と同様、名詞としても認識しておきたい単語を列挙しておきます。

| 動 produce「〜を作る」 | vs. | 名 produce「農作物」 |
| 動 contact「〜に連絡をする」 | vs. | 名 contact「知人、コネ」 |
| 動 proceed「進む」 | vs. | 名 proceeds「収益」 |
| 動 conduct「〜を導く／行う」 | vs. | 名 conduct「振る舞い、品行」 |
| 形 native「生まれた時からの」 | vs. | 名 native「出身者」 |

**訳 ▶** Meling Institute の法務秘書研究科の最近の卒業生たちは、多くの知名度が高い法律事務所に就職している。

花田語録

**名詞としても機能する単語と主述の一致に**
意識を傾けよう！

**19.** Due to the unusually large size of the order Ms. Chamberlain wishes to place, ------- of the print shops have offered her a bulk discount.

(A) both

(B) one

(C) much

(D) other

花田ナビ

🕐 解答目標タイム 10 秒

主語の主役、および動詞を的確に捉えてみましょう。

瞬間的に (B) を選んで one of the print shops とした方が結構いらっしゃるかと思いますが、選択肢には他にも of the print shops の前で使えるものはありませんか？

そこで、ほんの少しだけ視野を広げてみると、後らに <u>have offered</u> という動詞が見えてきますね。ということは、空欄には one のように「1つ」と捉えられる文言ではなく、**複数であることを示す代名詞**が求められていると判断できますので、(A) の both「2つとも、双方」が正解になるわけです。

(B) の one を用いる場合は、one of the print shops <u>has</u> offered のように単数扱いとするべきですね。(C) の much を代名詞として機能させるには、much of the <u>information</u> has been offered のように不可算名詞に対して使う必要があります。(D) の other は代名詞ではなく形容詞なので、other print shops のように使うことができます。

あえて2問連続で同一カテゴリーにしてみました。これで**主述を一致させることの重要性**にお気付きいただけると幸いです。

主述を一致させる際、単数扱いにすべき事例を列挙しておきます。

<u>**Each**</u> of the shops **is / was / has** ～
<u>**One**</u> of the shops **is / was / has** ～
<u>**Each one**</u> of the shops **is / was / has** ～　← 店のうちいずれか1つ
<u>**Either**</u> of the shops **is / was / has** ～

<u>**All**</u> of the information **is / was / has** ～　← 不可算名詞に対して使う
<u>**Organizing**</u> the shops **is / was / has** ～　← 動名詞は1つの動作とみなす
Attached **is a photo** of our new shop.　← 添付されているものが1つだけ

**訳 ▶** Ms. Chamberlain が希望している発注数量は非常に多いため、印刷業者の双方がボリュームディスカウント（大量購入割引）を提示している。

花田語録

特に**文法系の問題**は "sounds good" という観点ではなく**論理的な思考回路**で解くこと！

**20.** Ms. Huber prefers to stay at the Victoria Hotel ------- she travels to Deptford City on business.

(A) upon

(B) each time

(C) in case of

(D) even

花田ナビ

⏱ 解答目標タイム 10 秒

文脈ではなく文法的な要素をいかしてみましょう！

選択肢には異なる品詞が混在していますから、全体の文構造をみていきましょう。

すると、空欄の前で Ms. Huber prefers to stay at the Victoria Hotel という文が完結しているにもかかわらず、後ろに she travels to 〜と続けようとしていることから、空欄には **SV 〜から成る節をつなぐ機能**を果たす**接続詞**が求められているとみなし、(B) の each time がふさわしいと判断できます。これは each time that SV 〜「S が V する時は毎回」という表現において that が省略された形で、本書154ページに登場した **whenever**「S が V する時はいつでも」と同様、接続詞的な機能を果たすことができると位置づけておきましょう。

(A) の upon は on に似た前置詞で、upon travel「旅行時に」のように名詞をつなぐ際に用いられます。(C) の in case of「〜の場合 (= in the event of)」も**前置詞**なので名詞をつなぐ機能を果たすのですが、of を削ぎ落して in case とすれば**接続詞**として SV 〜から成る節をつなぐことができるようになります。(D) の even は「さえ」という意味の**副詞**で、修飾語 (ただの飾り) ですから節をつなぐことができません。

---

time を用いた接続詞的な表現方法をいくつか列挙しておきます。

**Every time** you go away, you take a piece of me with you.
(= **Each time / Whenever**)
You can call me **anytime** you like. (= **whenever**)
**Next time** you come to Japan, I'll take you there.
I'll be ready **by the time** you get here.

**訳 ▶** Ms. Huber は、出張で Deptford City を訪れる際は毎回、Victoria Hotel に好んで滞在する。

---

each time や every time なども
接続詞的な機能を果たすことができる！

**21.** If it continues at its current pace, the plant ------- almost double last year's output by the end of the year.

(A) has produced
(B) produces
(C) will have produced
(D) to produce

花田ナビ

⏱ 解答目標タイム 10 秒

時制の問題です。
タイミングを表す語句を拾い集めてみましょう。

選択肢には動詞produceが異なる形が並んでいるので、時制・態・主述の一致という3つのカテゴリーを念頭にチェックしてみますと、時制のバリエーションが豊富である一方で、選択肢は全て能動態であり、不定詞である(D)のto produce以外は主述も一致しているということがうかがえますね。

ゆえに、時制を定めるヒントとなる文言をサーチしていきますと文頭のIf it continuesで仮想的な話をし始めながら、文末にby the end of <u>the</u> yearという表現を用いているということに気付くことができますね。これはby the end of <u>this</u> yearと同様の言い回しで、「今年度末までに」を略して「年度末までに」って言うのと同じノリです。すなわち、**未来の時点までに完了しているであろう状況**を述べたいわけですから、**未来完了**である(C)のwill have produced「生産できているだろう」が空欄にふさわしいと考えます。この未来完了はビジネスシーン等において、未来のあるタイミングに向けた目標を掲げ、その一時点までに達成しているであろう情景を描きながら話し合いを行っていく際にも極めて有用な時制なので、ぜひ使いこなせるようにしておきましょう。

現在完了である(A)のhas producedは現在に至るまでの継続的な行為や状況、現在形である(B)のproducesはいま行っている動作を語る際に用いられます。

未来完了を使ったその他の用例をいくつか列挙しておきます。

By this March, I **will have been taking** the TOEIC for twenty one years.〈継続〉
「今年の3月で、TOEICを受け続けて21年になるなぁ」

I **will have been** to Barcelona five times if I go there again.〈経験〉
「またバルセロナへ行くことになったら5回目になるなぁ」

**訳▶** 現在のペースが続けば、年度末までにその工場は昨年の2倍に近い生産量に達しているであろう。

花田
語録

**未来完了は未来の一時点までに完了・継続・経験**
しているであろう内容を語る際に用いられる！

**22.** The board members of Lona Technologies are ------- that the new process will increase the company's profits.

(A) curious

(B) certain

(C) interested

(D) serious

花田ナビ

🕐 解答目標タイム 15 秒

直後に that 節を伴うことのできる形容詞は
どれでしょうか？

選択肢には似たような意味を持つ形容詞が並んでおり、実際にいずれの単語も主語である The board members「取締役たち」のことを描写するのに意味的にはまったく問題ないので、キーワードを模索していきましょう。

すると、空欄の後ろに that the new process will increase the company's profits と書いてあるのですが、ここで重要視すべきは文脈ではなく、**空欄の直後に that 節が続いている**という文法的な側面なんですね。その条件を満たすことのできる唯一の選択肢は (B) の certain です。この certain は **sure** や **confident** と同様の意味を持つ形容詞で、**certain that SV〜** や **certain of/about** 〜「〜を確信している」のような語法があるということをおさえておきましょう。

(A) の curious は「好奇心を示している」という意味で、The board members are **curious** about how the new process will affect the company's profits.、もしくは The board members are **curious** to know how the new process will affect the company's profits. のように使います。(C) の interested 「関心がある」も直後に to know 〜のような不定詞を伴う、もしくは The board members are **interested** in the new process. といった形で用いられます。(D) の serious「真剣に考えている」は、The board members are **serious** about increasing the company's profits. のように使うことができます。

---

「人 + be + 形容詞 that SV〜」という語法を持つ形容詞を以下に列挙します。
certain / sure / confident / positive 「確信している」　　aware 「気付いている」
anxious / concerned / worried 「懸念している」　　relieved 「ほっとしている」
afraid 「恐縮している」　　pleased / delighted / glad / happy 「喜んでいる」
disappointed / upset 「落胆している」　　grateful / thankful 「感謝している」

**訳 ▶** Lona Technologies 社の取締役たちは、新たなプロセスにより同社の収益が伸びると確信している。

---

**23.** Mr. Parnthong did not call Ms. Gallagher,
------- did he send her an e-mail.

(A) if
(B) once
(C) else
(D) nor

花田ナビ

🕐 解答目標タイム 10 秒

空欄直後の語順に着目してみましょう。

カンマの前において did **not** call と述べたうえで、後ろに did he send と続けていますね。ここで認識しておきたいのが **he did send** じゃなくて **did he send** という語順になっている、すなわち語順が入れ替わる「倒置」が起きているという点です。選択肢のなかで**倒置を起こすことができる**のは否定語である (D) の nor「そしてまた～ない」になります。本文では、彼が電話をかけてこないわメールもしてこないわ ←最悪！って言いたいわけです。

**倒置を起こすことのできる否定語**には他にも、**neither** や **not** などがあります（102 ページご参照）ので、一緒におさえておきましょう。そして、否定語だけでなく、**so** や **as** でも倒置がしばしば起きるんですよ。例えば、会話で相手が I love sushi. と言ってきたら、私も無類の鮨好きですから I also love sushi. と返答してもよいのですが、**So do I.** ってな感じでこたえるとキレがいいですし、場が盛り上がるんです 。

---

ビジネスシーンにおいて使える倒置の代表例を列挙しておきます。

**if 節で should / had / were が用いられるパターン**

If you **should** have any problems, please do not hesitate to contact me.

**Should** you have any problems, please do not hesitate to contact me.

「(万が一) 何か問題がございましたら、ご遠慮なくお知らせください」

**enclosed / attached / included を前面に押し出して強調するパターン**

The costs of labor and materials are **attached.**

**Attached** are the costs of labor and materials.
**Attached** please find the costs of labor and materials.

「添付資料に人件費と資料費をまとめておきましたのでご参照ください」

---

**訳 ▶** Mr. Parnthong は Ms. Gallagher に電話をかけなかったし、彼女にメールも送らなかった。

 花田語録　　**倒置を活用してアピール**できるようにしよう！

**24.** Please note that Mr. Choi ------- of any unclaimed items left in the employee refrigerator at 4:30 P.M. today.

(A) will dispose

(B) is disposed

(C) will be disposed

(D) disposing

花田ナビ

🕐 解答目標タイム 10 秒

選択肢で用いられている dispose という動詞は
どのように使うべき単語でしょうか？

## 24. (A) will dispose　カテゴリー **語法／態**　攻略法 **構文先行型**

語彙力のある高得点者の方々は dispose が「処分する」みたいな意味だと解釈できたりするでしょう。でも、その使い方までご存知でしょうか。もしご存知なければ、まだ伸びしろがありますね（伸びしろがあるのは素晴らしいことです）！

「dispose には of が付きもの」と言っても過言ではないぐらい、**dispose of ～**「～を処分する」という形で頻繁に用いられるとおさえておきましょう。そうすれば、接続詞 that が導く節に Mr. Choi --- of any unclaimed items と続いているのをご覧になった瞬間に、動詞である dispose をそのまま**能動態**で入れればよいと判断し、(A) の will dispose を選ぶことができるようになります。

空欄の直後に of があって、目的語にあたる名詞が存在しないから受動態かな？ と考え、多くの方が受動態である (B) の is disposed や (C) の will be disposed にひっかかってしまいがちなので、ぜひ注意しましょう。そもそも受け身で捉えると、Mr. Choi という人間が捨てられるという恐ろしい内容になってしまいますね。本来は any unclaimed items will be disposed of today「持ち主不明の物は全て今日廃棄される」のように使うべきでしょう。(D) の disposing は、動名詞もしくは現在分詞なので、動詞の機能を果たすことができません。

「処分する／捨てる／廃棄する／無駄にする」といった意味を持つ表現を列挙しておきますので比較対照させながら語法の違いを認識しておきましょう。

**dispose of** items in the refrigerator　「冷蔵庫に入っている物を処分する」
**get rid of** items in the refrigerator　「冷蔵庫に入っている物を捨てる」
**throw away** items in the refrigerator　「冷蔵庫に入っている物を捨てる」
**discard** items in the refrigerator　「冷蔵庫に入っている物を廃棄する」
**waste** items in the refrigerator　「冷蔵庫に入っている物を無駄にする」

**訳▶** 本日の午後4時半に、Choi 氏がスタッフ用の冷蔵庫に残っている持ち主不明の物を全て処分しますので、ご承知おきください。

花田
語録

食べ物だけでなく、**語法も大切**に！

# 第 7 章

## 最高峰を目指す 23題

(13)

この章の解答目標タイム
**6分10秒**

極上の景色を
観に行こう！

# *To the top!!*

さぁいよいよ最終章です。ここでは、**Part 5における最高峰の難問**に挑戦していただきます。

初級～中級の方はピリ辛のおつまみでも食べるつもりで「へー、こんな問題も出てんだぁ」という感じで楽しんでくださいネ！

**1.** *The Seven Tactics for Attracting Customers* is ------- reading for students who major in marketing.

(A) required
(B) requires
(C) requiring
(D) require

花田ナビ

⏱ 解答目標タイム 20 秒

空欄の後ろにある reading が、実は名詞だとしたら!?

最初に申し上げておきますと、この問題はそこらの品詞を定める問題とは次元が違います。

まず、空欄の前にある *The Seven Tactics for Attracting Customers* は、大文字になっていたりイタリックになっていることからもうかがえるとおり、ある有名な本のタイトルを文字って私が勝手につけた架空の題名なので、The book とシンプルに捉えておいていただいて結構です。

さて、The book is --- reading となっているのですが、どの選択肢を当てはめても、いまいちしっくりこない感じがしてしまいませんか? 思わず「なんじゃこりぁぁぁ!」とかつての名俳優のように叫びたくなるような問題です。

攻略の鍵はズバリ直後にある **reading** という言葉が握っています。これは「読み物」という意味の名詞で、本文では be 動詞 is の左右で **The book = reading** という図式がバッチリ成り立っています。ということは、空欄には reading を修飾する機能が求められているわけなので、**分詞**である (A) の required が正解となります。**The book is required reading**「その本は求められている読み物である」→「その本は指定図書である」という文章ごとおさえておかれるといいでしょう。

ここで「名詞 reading の前に冠詞は入らないの?」という疑問が浮かんだ方は鋭いですね。「読み物」という意味で使われる reading は世の中にある本や記事などを**集合的**に捉えているので、**不可算名詞**として扱われます。確かに空欄の前に a という冠詞があれば大きなヒントになるんですが、a required reading としないのが自然なんですョ。

**訳▶** *The Seven Tactics for Attracting Customers* はマーケティング専攻の学生にとっての指定図書である。

**required reading** という
フレーズごとおさえてしまおう!

**2.** The president continued to be an influential public figure, ------- his term in office had come to an end.

(A) during

(B) even as

(C) in spite of

(D) consequently

花田ナビ

⏱ 解答目標タイム 20 秒

品詞を意識しながら、消去法をとってみましょう！

この問題は和訳をしながら解こうとするとかなりハマりやすいです。選択肢から筆者の意図を見抜くのはなかなか難しいところですが、少なくとも (A) の during と (D) の consequently の**品詞が異なる**ことだけは認識できますよね。まさに、そこが突破口です。

本文では2行目にあるカンマの部分で前と後ろが切れているということがわかりますが、**カンマの後ろにはそれらをつなぐ機能を持つ語句が一切用いられていない**ですね。ということは、その機能が空欄に求められているわけなので、どんな要素をつなぐべきなのかを探るべく空欄の後ろをチェックしてみますと、his term had come to an end という**節が続いている**ことがわかります。

さて、接続詞を選んでいきたいのですが、どれが接続詞なのかを判定しにくい時は、**残りの品詞を消去していく**というやり方にシフトするのがオススメです。ここでは、(D) の consequently は -ly が語尾に付いているとおり**副詞**、(A) の during と (C) の in spite of は**前置詞**なので不適切、といった具合に消去していけば、(B) の even as が接続詞であろうと察しをつけることができますので、そのまま選択していけば正解となります。

この **even as** はもともと接続詞 as「〜しながら」に even「〜さえ」という**副詞**（飾り）が合体したもので、「〜という状況がある中でさえも」という意味になります。対比を表す **while**「〜である一方で」や **though / although / even though**「〜にもかかわらず」と極めて近い接続詞と位置づけておかれるとよいでしょう。**難易度の高い問題は消去法をとるのがコツです！**

**訳▶**その社長は任期を満了したものの、著名人として影響力を持ち続けていた。

**花田語録**

even as「〜という状況でさえ」は
while / though / although / even though
と似た**接続詞**である！

**3.** The official has ------- Mr. Vandenberg that he will be assigned a certain amount of work within five days.

(A) expected
(B) transferred
(C) requested
(D) assured

花田ナビ

⏱ 解答目標タイム 15 秒

空欄の直後に、人と that 節が続いていますね。

選択肢には意味的に類似した語が並んでいますので、すかさず語法の観点に切り替えてみます。

大切なのは、空欄直後に Mr. Vandenberg という人と **that** 節が続いているという点なのですが、そういった語法を持っているのは、選択肢のなかで (D) の assured のみです。

**assure** という動詞は insure や ensure などと同様、「sure=確実」という感覚がベースにあり、「確証を与える」という意味です。でもその単語の意味だけを単体で覚えていても、英語は使えるようにならないわけで、TOEIC でもその単語を使いこなす能力がまさに求められています。

> **assure 人 of 名詞**　「人に名詞に関する確証を与える」
> **assure 人 that SV**　「人に SV という確証を与える」

という 2 つの語法をおさえておかれるとよいでしょう。
(A) の expected と (C) の requested は以下のように使います。

> **expect / request 人 to do〜**「人に〜することを求める」
> **expect / request that SV**「S が V することを求める」

(B) の transferred は、move と同じく **transfer 人**「人を異動させる」のように人を目的語にとることは可能なのですが、その後に that 節を伴うような語法はとらないので不適切となります。

---

assure とその派生語は品詞の問題においても頻出です。

We need **assurance** that the price will not change next year.　名 確証
Rest **assured** that the price will not change next year.　動 確信した

---

**訳 ▶** 当局の人間は Mr. Vandenberg に対し、ある一定の量の仕事を 5 日以内に依頼すると確約した。

---

**assure 人 that SV... と assure 人 of 名詞**
という語法をしっかりおさえておこう！

**4.** A completed application form should be presented to the security office in order to purchase a parking -------.

(A) permit
(B) permitted
(C) permission
(D) to permit

花田ナビ

🕐 解答目標タイム 15 秒

空欄には a の後ろに用いられるべき名詞が入ります。

空欄には**動詞 purchase の目的語として機能する名詞**が求められていますので、(C) の permission が正解だと思われた方…ファイナルアンサーでよろしいでしょうか?

これだけ多くの方々に間違っていただくと出題者冥利に尽きますネ。というのは冗談なんですけれども、permission という単語は「許可」という意味で、**特定の形を持たない抽象的な名詞**なんです。つまり、具体的に切れ目を感じながら1個2個って数えていくタイプの名詞ではなく、人の頭の中で展開されている「まぁやっていいよ」というような**雲みたいにモヤモヤした考え**なので、**不可算名詞扱い**になるんです。

今回の問題では、空欄の前に **a という冠詞がついている**ことから (C) の **permission は文法的に不適切**となってしまいます。

正解は (A) の permit なんですが、この単語は**動詞と名詞が同じ形**なので注意が必要です。動詞の場合は「許可する」、名詞の場合は「許可証」という意味があるので、**a parking permit**「駐車許可証」というフレーズになり、1枚2枚と数えることのできる**可算名詞**として正しく機能するわけです。

ちなみに、動詞の場合は permit の i に、名詞の場合は e にアクセント (強勢) が置かれます。是非、声に出しながらおさえてみましょう。

抽象名詞の例をいくつかご紹介しておきます。

I need to get **permission**/**approval** from my boss.　　許可/承認
Such **conduct**/**behavior** will not be tolerated.　　行動/振る舞い
The vaccine requires special **handling**.　　取り扱い

**訳▶**新しい駐車許可証を入手するには、記入済みの申請書を警備室に提示する必要がある。

花田
語録

**permission**「許可」は**不可算名詞**、
**permit**「許可証」は**可算名詞**として扱われる!

**5.** ------- is interesting about the novel is how the lives of the characters, who are initially strangers, become intertwined.

(A) That

(B) It

(C) What

(D) Which

 花田ナビ

⏱ 解答目標タイム 20 秒

1行目の1番右にある is が動詞です。

空欄から novel までは主語として機能します。

この問題の第1関門は、構文の骨を認識する際に空欄の直後だけでなく、同じ行にもう1つ is が使われていることに注目し、**空欄から novel までを主語のかたまりと捉えることができたかどうか**です。

その主語の先頭に空欄が用意されているわけなのですが、**空欄の前には名詞 (先行詞) が存在しない**ことから、(A) の That や (D) の Which のような普通の関係代名詞ではなく、**先行詞も中に含んでいる関係代名詞の出番である**と判断し、(C) の What を選択します。この what は the thing(s) which〜「〜なこと」に相当するもので、慣れるまでは頭の中で以下のように置き換えてみるのも1つの手です。

The thing which is interesting about the novel is…
**先行詞** + **関係代名詞**
↓

What is interesting about the novel is...
**先行詞込みの関代**

実際に2つの文を読み上げていただくとわかるのですが、What にまとめることにより冗長さが消え、非常にキレが良くなりますよね。これが**先行詞込みの関係代名詞 what** の力です!

(B) の It は仮主語として文頭に置くことはできるのですが、**It is interesting that SV** や **It is interesting to see how SV** のように that や how の前で is が2度出てくることはありません。

what は主語だけでなく目的語の機能も果たせます。
That's **what** I like about the novel.  ← 動詞 **like** の目的語として機能

**訳▶** その小説の興味深い点は、当初は見知らぬ者同士だった登場人物たちの人生が密接に絡んでくるところだ。

**what は先行詞込みの
関係代名詞として機能する!**

**6.** For more information on available job positions and ------- an online application, please visit the company Web site.

(A) to complete
(B) completes
(C) completing
(D) completion

花田ナビ

🕐 解答目標タイム **20** 秒

andには文法的に対等な要素を並べる機能があるんでしたね！

80ページで学んでいただいたとおり、空欄直前にある**等位接続詞 and** には、文法的に対等な要素を前後に並べる「パラレリズム」という概念が適用となるんでしたね。

and の前には、For more information (on available job positions) という要素がありますので、本来であれば For more information という**前置詞＋名詞**に合わせて、空欄部分にも for completing のように**前置詞＋動名詞**でパラレルにしたいところですが、残念ながら"for completing"という選択肢は存在しませんし、for 〜ingという形はすでに行われたことに対する理由や原因を述べる際に用いられます。

そこで、その代替を探してみますと、For more information と同様、**目的を表す機能を持つ**ものとして**不定詞**である (A) の to complete が見つかるわけです。

「え〜!! そんなパラレリズムありですかぁ?」って思われるかもしれませんが、よく考えてみるとその理由もわかってきますよ。以下の表現を比較対照してみてください。

|〈For + 名詞〉|〈不定詞〉|
|---|---|
|**For more information**|To get more information|
|For completion of an application|**To complete an application**|

皆さん、是非それぞれを音読してみてください。左と右どちらの方が読みやすかったですか?おそらく To get more information and for completion of an application よりも **For more information and to complete an application** のほうが自然だと感じた方が多いと思います。無理やり難問を作ろうとしているわけでなく、**ネイティヴの多くが使う自然な英語を運用している**わけです。これが TOEIC においても随所に見受けられる傾向です。

**訳▶**現在空きのある職にかかる更なる情報、およびオンライン申請をされる場合は、弊社のウェブサイトにアクセスしてください。

**花田語録**　左右の**形を単純に合わせるだけがパラレリズムではない**。柔軟な姿勢で**自然な英語の運用**を目指そう!

**7.** The new guidelines regarding jury duty should be ------- to strictly.

(A) respected
(B) adhered
(C) willing
(D) set

花田ナビ

🕐 解答目標タイム 10 秒

空欄の後ろにある to が鍵を握っています！

文脈で考えても複数の選択肢が候補に残ってしまいますので、構文のアプローチに切り替えていきましょう。

ここで強く認識すべきなのは、本文が**受動態**になる可能性を秘めているということ、そして空欄の直後に**前置詞 to** があるということです。156ページでもご紹介したとおり、この手の問題を解く時のコツは、なるべく厳密な判断ができるように、一度**目的語を元の位置に里帰り**させ、能動態で考えていくことでした。

まず本文を The guidelines should be --- to とコンパクトにまとめ、それをさらに能動態に戻しますと S should --- to the guidelines となり、空欄には **to と一緒に用いるべき自動詞**として (B) の adhered がふさわしい、と判断ができれば素晴らしいところです。

adhere は adhesive tape「粘着性のあるテープ (セロハンテープ)」に見受けられるように、「くっつく」という意味なので、**adhere to the guidelines**「規定にくっつく」→「規定を守る」という表現になります。

(A) の respected を選ばれた方はオシイところでした。**respect the guidelines** で「ガイドラインを尊重する (守る)」という意味は出せるのですが、それを受動態にしても the guideline should be respected となるだけで、後ろに to という前置詞は続かないため不適切とみなします。

「規定・法令などを守る」という意味の表現で、adhere to と同じく自動詞として使うものをご紹介します。是非、前置詞と一緒にどうぞ!

**stick to** the law　　　**conform to (with)** the law
**comply with** the law　　**abide by** the law

**訳▶** 陪審員制度に関する新しい指針は厳重に遵守される必要がある。

花田
語録

**受動態**になっても、**自動詞**に付いていた前置詞はそのまま**後ろに残される!**

**8.** ------- the trains are running on schedule, Mr. Banks will arrive in Newburg City by 4 P.M.

(A) Upon
(B) Accordingly
(C) Because of
(D) Provided that

花田ナビ

⏰ 解答目標タイム 15 秒

和訳しながら解くと出題者の術中にハマりますよ！

選択肢には複数の品詞が見受けられますので、構文先行型アプローチをとっていきますと、空欄には**カンマの前後をつなぐ機能**が求められていることがわかりますね。

空欄の後ろには the trains are running という主語と動詞があることを認識し、節をつなぐ働きをする**接続詞**として、(D)の Provided that を選択できた方、お見事でした！

動詞 provide には give と同様「与える」という意味がありますので、**provided that SV** や given that SV のような形で用いられると「SV という状況が与えられれば」→「SV という状況であれば」という意味の接続詞として機能します。どうしても Provided that が接続詞に見えないという方は、**that 自体が接続詞**であるということを強く認識しておかれるとよいでしょう。私の経験上、契約書などの書き英語中心に、フォーマルな場面で「前提条件」を表す際に使われる機会が多いです。ちなみに that が省略されることもあるので注意しましょう。

(A)の Upon は He'll give us a call **upon** his arrival.「到着時に電話をかけてくる」のように用いる**前置詞**、(C)の **Because of** も of が入っているとおり前置詞なので、本文のように節をつなぐことはできず不適切となります。(B)の **Accordingly**「よって、しかるべく」は**副詞**なのでカンマの前後をつなぐ機能を持っていません。

provided that と同様、**前提条件**を表す**接続詞**を挙げておきます。

Mr. Banks will arrive at 4 P.M. **only if** the train runs on schedule.
Mr. Banks will arrive at 4 P.M. **as long as** the train runs on schedule.
Mr. Banks will arrive at 4 P.M., **given that** the train runs on schedule.

**訳**▶電車がスケジュールどおりに運行しているならば、Mr. Banks は Newburg City に午後4時までに到着するであろう。

花田
語録

**provided that は前提条件を表す接続詞！**

**9.** The memo asks all employees -------
conference rooms to get approval
from their departmental supervisors.

(A) reservation
(B) reserving
(C) have reserved
(D) reserved

花田ナビ

⏱ 解答目標タイム 15 秒

ask の持つ語法を思い浮かべながら、
広い視野で構文を捉えてみましょう！

この問題は視野を広く保ちながら、構文全体を捉えることができたかどうかがポイントです。

まず、この文の心臓部分にあたる動詞 asks を捉え、そこを基点に **ask O to do～**「Oに～することを求める」という語法を見越しながら目を右へ右へと動かしていきます。

すると asks `all employees --- conference rooms` to get approval というかたまりを見切ることができ、O（目的語）の部分をブロックとして捉えられるようになります。

ここまで来れば、空欄には直前にある名詞 all employees を形容しつつ、直後の conference rooms を目的語としてとるような **能動的な使い方をする分詞**として、(B) の reserving がふさわしいという判断ができますね。

このようにネイティヴは分詞・不定詞・関係代名詞などを器用に使いながら、どんどん補足情報を継ぎ足していくのが得意なんです。ですから、それら3要素を「**ネイティヴのように読む・聴く・書く・話すが流暢にできるようになるための登竜門**」と位置づけて、積極的に使っていくようにされるといいですヨ。

ask O to do と同様の使い方をする動詞をいくつかご紹介します。

The company **expects** all employees **to get** approval from their supervisors.

The company **requires** all employees **to get** approval from their supervisors.

**訳▶** その社内通達には、会議室を予約する全従業員に各部の部長から承認を取り付けるよう指示が出されている。

花田
語録

**ask O to do** の中でさえも**分詞**を使いながら
**飾りを加える**ことができる！

**10.** With fuel prices at record highs, visitors to auto dealerships were not even looking at SUVs, ------- buying them.

(A) much less

(B) less than

(C) more or less

(D) at least

花田ナビ

🕑 解答目標タイム 20 秒

カンマの前後にある looking at と buying が
対照的な要素であることに注目！

選択肢にはいろいろな表現が並んでいるのですが、なかでも **less** という**否定語**の存在が目立ちますね。いったい何をどのように打ち消したいのでしょうか?

本文では、まず With fuel prices at record highs「燃料費が記録的な高さまで上がって」という状況が描かれた後に、visitors to auto dealerships were not even looking at SUVs「カーディーラーを訪れる人々は SUV 車に見向きもしなかった」と述べられていますね。

この時点で既に1つの構文が完成していますが、この文の筆者は最後に**一言加えたくなった**んですね。「買うわけないじゃん!」、あるいは「買うわけないやろっ!」という感じでしょうか。

こんな使い方ができるのはズバリ (A) の **much less** なんです。**much less** は言ってみれば **less possible** みたいな表現で、「ましてや〜なんて到底ない」という意味になります。本文でもカンマの前後で even looking at SUVs, **much less** buying them「SUV 車を見ることさえしない、ましてや買うなんて」といった具合にその可能性を強烈に打ち消しているわけです。much less をそのまま置き換えることのできる **let alone**「いわんや〜ない」も数年前に TOEIC で出題された重要表現です。

(B) は **less than** ten minutes「10分もない」のように量・時間など、程度を表す語句とともに用いられます。(D) は less than の対にあたる表現で、**at least** ten minutes.「少なくとも10分」という意味です。(C) は The meeting is **more or less** over.「ほぼ終わっている (= almost)」や We have fifty people, **more or less**.「約50名 (= approximately)」のように使います。

**訳▶** 燃料費が記録的な高さまで上がり、カーディーラーを訪れる客は SUV 車に見向きもしなかった。ましてや買うなんてあり得ない状況だった。

---

花田
語録

**much less と let alone は**
**反語「ましてや〜ない」として機能する!**

**11.** The president's passionate speech, currently posted at www.nationalpolitico.com, ------- was written by one of his daughters.

(A) reports

(B) reporter

(C) reported

(D) reportedly

花田ナビ

⏱ 解答目標タイム 20 秒

１行目のカンマから３行目のカンマまで
思い切って無視してみるといいですよ！

まず構文の「骨」をつかむにあたって重要なのは、1行目のカンマから3行目のカンマまでの部分を補足情報として意識の片隅に追いやることです。私はいつも頭の中で**補足情報をカッコに入れて、あたかもその部分が存在しないかのように無視**してしまいます。

そうすると骨組みが見えてきませんか？ いろいろと書いてありますが、要は **The speech was written** という受動態で、空欄がなくともすでに**必要な要素が揃っている状態**だということなんですね。

したがって、空欄の位置から was written という動詞部分を修飾すべきだと判断し、空欄には**動詞を修飾する機能を持つ副詞**(D) の reportedly が入ると判断することができます。ちなみに**reportedly** には「レポートによると」→「聞くところによると(= according to what people say)」という意味があります。

おそらく皆さんが気になられたのは語順ですよね。「was の前に副詞なんて入れていいのか？」と思われた方は大勢いらっしゃると思いますが、副詞は飾りだけに結構いろいろなところへ自由に入り込めるんです。「**副詞は割り込み上手**」とおさえておかれるといいですよ。

reportedly をはじめとした副詞の多くが様々な位置に入り得ます。

The speech, posted on the Web site, **reportedly** was written by his daughter.
The speech, posted on the Web site, was **reportedly** written by his daughter.
**Reportedly**, the speech posted on the Web site was written by his daughter.

**訳▶** 大統領の熱のこもったスピーチが現在 www.nationalpolitico.com に掲載されているのだが、聞くところによるとそのスピーチは彼の娘の1人によって書かれたものだそうだ。

花田
語録

**副詞は割り込み上手！ 飾りとして様々な位置に入れてもらえるんです！**

**12.** Before expressing his frank opinions, Mr. Hashimoto told the committee members to ------- his rudeness.

(A) pardon
(B) ask
(C) recover
(D) hold

花田ナビ

⏰ 解答目標タイム 20 秒

空欄の後ろにある rudeness は rude (= impolite) の
名詞形で、否定的な意味を持っています。

空欄直後の **rudeness**「無礼 (= impoliteness)」という**否定的**な意味の名詞を目的語にとる動詞として相応しいのは、(A) の **pardon** です。

**pardon** は excuse と同様、「大目に見る」という意味があり、会話表現としてお馴染み Excuse me.「すみません」の代わりに Pardon me. と使う上品な人もいるので、そこから覚えてもよいかと思います。**pardon his rudeness**「無礼を大目に見る」というフレーズごと音読しながらおさえてしまうとよいでしょう。**forgive** や **overlook** といった動詞も言い換え表現として用いることができます。

(B) の ask は 296 ページでも学んだ **ask O to do~**「O に~するよう依頼する」の他に、**ask for~**「~を求める」という語法もあります。もし本文のように許しを請うなら、**ask for their forgiveness** や **ask for their pardon** のように使うべきでした。

(C) の recover は I hope you will recover soon. のように「回復する (= get better)」、(D) の hold は「持つ、催す」という意味で、hold a cup / hold an event のように用います。

動詞 **pardon** を用いた言い回しをいくつかご紹介しましょう。否定的な内容が続いていることにご注目！

**Pardon** me for being rude.　　　「失礼をお許しください」
**Pardon** my casual appearance.　「こんな格好でごめんなさい」
**Pardon** my ignorance.　　　　　「よくわかってなくて申し訳ない」

**訳 ▶** Mr. Hashimoto は率直な意見を述べる前に、委員会のメンバーたちに対して無礼があることを大目に見てくれるよう申し述べた。

花田
語録

**pardon** は **excuse/forgive** に似た動詞で、
後ろには**否定的な内容**が続く！

**13.** The firm hired an outside consultant to help ------- plans for expansion throughout the next decade.

(A) implements

(B) implementing

(C) implement

(D) implementer

花田ナビ

⏱ 解答目標タイム 15 秒

空欄の直前にある help は動詞で、その語法が鍵を握ります。

本文は The firm hired an outside consultant という部分でいったん完結している文章に、どんな consultant なのかを説明するべく to help という不定詞が続いていますね。

動詞 help には、help O「O を手伝う」という使い方の他に、**help O to do ～**「O が～するのを手伝う／促す」という語法があるということをご存知の方は多いと思います。と同時に、この問題には to implement という選択肢が存在しないので困ってしまった方も多いのではないでしょうか？

実は help O to do ～ という語法でしばしば省略が行われるんです。to を省略して **help O do ～** としたり、O を省略して **help to do ～** としたり、さらには **help do ～** のように目的語と to の両方を入れない究極の省略バージョンも存在します。

ゆえに、本来であれば help <u>them to implement</u> plans や help <u>them implement</u> plans としてもよいところなのですが、本文のように help --- plans とたった1語で表現するとしたら、**動詞の原形である (C) を選択して、help implement plans という究極の省略バージョンを採用するしかないわけです。help implement と動詞が連続で用いられても違和感を覚えないようにするべく、音読しながらどの言い回しも引き出せるようにしておくのがオススメです！**

音読しながら段階的に省略されていく過程を感じ取ってみましょう。

| | |
|---|---|
| Can you **help** me to move the table? | 「私が机を動かすのを手伝ってくれる？」 |
| Can you **help** me move the table? | 「私が机を動かすのを手伝ってくれる？」 |
| Can you **help** to move the table? | 「机を動かすのを手伝ってくれる？」 |
| Can you **help** move the table? | 「机を動かすのを手伝ってくれる？」 |

**訳▶** その企業は向こう10年の事業拡大計画を策定するにあたって知恵を貸してもらうべく、外部からコンサルタントを起用した。

花田
語録

**help O do ～ や help do ～ などの語法に慣れ、**
**正しい形で運用できるようにしましょう！**

**14.** ------- portable music players of the past used media such as cassette tapes and CDs, modern devices store music on memory chips.

(A) Among
(B) Whereas
(C) Still
(D) Otherwise

花田ナビ

⏱ 解答目標タイム 15 秒

カンマで切れているものは、
きちんとつないでやりましょう！

この問題もセンテンスが長く、選択肢に難しい語句が並んでいるように見えますが、こういう時こそ構文のアプローチをとりながら、うまく切り抜けていきましょう。

空欄には後ろにある portable music players used media という節 (SV...) をつなぐ役割が課せられていますので、**接続詞を1つ選ぶ**、もしくは**消去法で3つ切っていく**と、うまく (B) の**Whereas** にたどりつけます。

**whereas** は **where** と **as** が合体したような接続詞で、「〜という状況であるのだが」→「〜である一方で」という意味を持ちます。172 ページでご紹介した **while** と同様、**前後の状況を対比する機能を持っている**のですが、while よりもフォーマルな場面で使われる傾向にあります。

(A) の **Among**「〜の間で」は前置詞なので、**Among** portable music players of the past のような**名詞のかたまりをつなぐ際に用いられます**。本文では動詞 used が出てきた時点で×です。

(C) の **Still**「それでもなお、しかしながら (= Nevertheless/Nonetheless/However)」は**副詞**で、前後をつなぐ機能は持たないので不適切です。

(D) の **Otherwise** は other (他の) と wise (方向) から出来上がっている単語で、「前に述べられていることと他の方向へ行けば」→「さもなければ (= Or else / If not)」という意味になるのですが、こちらも**副詞**なので文法的に不適切となります。

**訳▶**過去に出された携帯用音楽再生機器はカセットテープや CD などのメディアを使用していたが、その一方で最近の機器は音楽データをメモリーチップに保存する形式になっている。

**花田語録**

whereas は while と同様、前後の状況を**対比**する**接続詞的機能**を持つ！

**15.** As ------- in the meeting yesterday, three samples will be sent to your factory next week.

(A) discussing
(B) discusses
(C) discussion
(D) discussed

花田ナビ ⏱ 解答目標タイム 15 秒

カンマの前はカンマの後ろに対する補足情報として機能しています。うまく前置き的な飾りをつけてみてください！

選択肢から品詞の問題だということがうかがえますので、目を素早く動かしながら構文の全体像をとらえていきましょう。

まず注目したいのは、カンマの後ろが本文の**主役的**な存在（主節）であって、カンマの前はあくまでも**補足的な役割**を果たしている（従属節）という点です。

空欄の前に As があり、直後に前置詞 in があるということは、in の前でいったん区切れていることになりますね。どうすれば **As と空欄だけで表現を作る**ことができるんでしょうか？

これは接続詞 As の後ろに本来 it was discussed のような節が続いて、**As it was discussed** のようになるところを **As discussed** というコンパクトな形で表現したとイメージしてみるとわかりやすくなります。よって、(D) の discussed が正解です。

考えてみると、日本語でもわざわざ「会議でそのことが話し合われたとおり」という冗長な言い方はせずに、「会議で話し合われたとおり」と**よりコンパクトに**表現をしますよね。

As discussed も一種の**慣用表現**と位置づけて、使いこなしていきましょう！

As discussed と同じく慣用表現的に用いられるものをご紹介しておきます。

**As requested** in your e-mail,　　　「ご依頼いただきましたとおり」
**As shown** on our advertisement,　　「掲載されておりましたとおり」
**As stated** in my previous e-mail,
　　　　　　　　　　　　　　　「先のメールに記載されておりますように」
**As stipulated** in the agreement,　「契約書で定められているとおり」

**訳 ▶** 昨日の会議で話し合われたとおり、来週サンプルを3つ貴社の工場宛てに送付させていただきます。

花田
語録

**As discussed** という慣用表現を
正しい形でおさえておこう！

**16.** The company ------- its high employee retention rate to the quality of its recruitment process.

(A) relies

(B) cooperates

(C) believes

(D) credits

花田ナビ

⏰ 解答目標タイム 20 秒

文脈だけに頼らず、視野を広げながらキーワードを探してみましょう！

本文に The company --- its high employee retention rate to the quality of its recruitment process.「その会社は従業員の高い定着率を採用プロセスの質の高さによるものだと --- している」と書かれていることから、空欄には文脈に合致する動詞で、かつ to the quality と続く語法も持つ (D) の credits「信じる、認める」が入るべきだと判断します。ぜひこの機会に、**credit X to Y**「X となったのは Y に起因すると考える」という語法ごとマスターしておきましょう。

(C) の believes も「信じる」という意味なのですが、The company believes the quality of its recruitment process is the reason for its high employee retention rate.「その会社は採用プロセスの質の高さが従業員の高い定着率の要因であると考えている」のように用いられます。(A) の relies は「依存する」という意味の自動詞で、The company relies on the quality of its recruitment process.「その会社は採用プロセスの質の高さに依存している」のように使うことができます。(B) の cooperates は「協力する」という意味の自動詞で、Each employee cooperates in the recruitment process.「各スタッフが採用プロセスに協力している」のように用いられます。

credit と同様の語法を持つものをいくつか列挙しておきます。

**attribute／ascribe** its high employee retention rate to the quality of its recruitment process
「従業員の高い定着率を採用プロセスの質の高さによるものだと考える」

The quality of the company's recruitment process **contributed to** its high employee retention rate.
「同社の採用プロセスの質の高さが従業員の高い定着率に寄与した」

**訳▶** その会社は、従業員の高い定着率を採用プロセスの質の高さによるものだと評価している。

花田
語録

**credit** には**到達**のイメージを持つ
**to** と一緒に用いる語法がある！

**17.** Ms. Nguyen was ------- the earliest users of the new project management software at the company.

(A) usually

(B) really

(C) among

(D) enough

花田ナビ

⏱ 解答目標タイム 10 秒

選択肢には修飾語や前置詞が並んでいますね。
空欄部分はどのようなイメージを
もたらそうとしているのでしょうか？

選択肢には修飾語や前置詞が並んでいますので、空欄の部分がもたらそうとしているイメージを捉えてみましょう。

すると、空欄の前に動詞の過去形 was、後ろに最上級 the earliest および名詞の複数形である users が存在していることから、複数のユーザーが念頭に置かれていると認識できますね。ということは、主語である Ms. Nguyen が**その中でも特筆すべき人間**であったわけですから、それを明示するべく、空欄には (C) の among「〜の中で」が入るべきだと判断します。ぜひ **S is among the 最上級**「S は最も〜な中の一人／一つ」という語法ごとマスターしておきましょう。

(A) の usually は「通常 (= normally / typically)」という意味で、She is **usually** one of the earliest users.「ふだん彼女は最も早く使用するスタッフの一人である」のように日常のなかで繰り返し起きる事象を現在形で表すことができます。(B) の really「本当に」は、She was **really** the earliest user.「彼女は実際最も早く使い始めた人物だ」のように一人の女性と一致させて単数形 user が用いられます。(D) の enough は、She has **enough** experience.「彼女は十分な経験を保有している」や She is experienced **enough** to conduct the training.「彼女は研修を施すことができるほど経験を十分に保有している」のように使うことができます。

among と同じく、最上級との相性が良い語句をいくつか列挙しておきます。

**Of** all the employees, she was the **earliest** user.　　　「全職員の中で最も早い」

Valencia is the **third largest** city in Spain.　　　「スペイン国内で3番目に大きな」

Our customer base has been growing at its **fastest** pace **ever**.　　「これまでで最速」

We are committed to offering the **best possible** service to our customers.「可能な限り最良の」

**訳▶** Ms. Nguyen は、新しいプロジェクト管理ソフトを社内で最も早くから使用していたスタッフの一人であった。

花田
語録

**among は最上級との相性ピッタリ！**

**18.** The city of Lancaster will expand bus service to address ------- during peak travel time.

(A) overcrowding

(B) overcrowd

(C) overcrowds

(D) overcrowded

花田ナビ

⏰ 解答目標タイム 15 秒

空欄の前後で用いられている語句の品詞を
しっかりと見定めてみましょう！

本文では The city of Lancaster will expand bus service の部分まででいったん完結しているところに、to address という不定詞で補足情報を盛り込もうとしているのですが、この address は「〜に対処する」という意味を持つ他動詞です。

空欄の前後には to address --- during peak travel time と書かれており、空欄の後ろは前置詞 during によってつながれている状態にあるわけですから、空欄には **address の目的語**が求められているとみなし、選択肢の中から名詞を探します。ここで正解となるのは (A) の overcrowding なのですが、動名詞であると同時に、実は**「過密」という意味を持つピュアな名詞**でもあるんですね。「密です！密です！」でお馴染みの状態は避けたいところなので、市がその **overcrowding** に対処しようと策を講じている様子が本文では描かれています。

(B) の overcrowd は「〜を超満員にする、過密になる」という意味を持つ動詞の原形、(C) の overcrowds は動詞に三単現の -s が付いた形です。

(D) の overcrowded は動詞の過去形・過去分詞、および「超満員の」という意味の形容詞で、The buses are overcrowded. のように名詞の状態を述べる機能を果たします。

-ing の形をしている名詞のなかでも頻出のものを以下に列挙します。

**widening**「拡張、拡幅」　**spending**「支出、出費」　**gathering**「集まり、会合」
**opening**「オープニング、仕事の空き、空き地」　**closing**「閉鎖、結びの言葉」
**landscaping**「造園」　**planning**「企画、計画立案」　**lifting**「持ち上げる動作」
**undertaking**「引き受けた仕事、約束」　**lighting**「照明」　**reading**「読み物」
**screening**「ふるい分け、検査、上映」　**viewing**「視聴、鑑賞 (会)」

**訳▶** Lancaster 市は、通勤・通学のピーク時に起きる過密 (混雑) の問題に対処するべく、バスのサービスを拡張していく。

**19.** At ------- the standard thickness, Lankava's coated paper is considered suitable for creating flyers.

(A) well

(B) evenly

(C) twice

(D) always

花田ナビ

⏱ 解答目標タイム 10 秒

空欄を含めた語順に注目してみましょう！

選択肢には修飾語が並んでいますので、どこから何を飾りたいのか？という角度でみていきましょう。

すると、本文の冒頭に At --- the standard thickness と書かれており、空欄が冠詞 the の前に位置していることから、倍数詞である (C) の twice を空欄に入れて、**twice** the thickness「2倍の厚み」とするのが妥当だと判断します。

(A) の well は「よく、上手に、十分に、かなり」、(D) の always は「いつも」という意味を持つ副詞で、We always try to create flyers <u>well</u> in advance.「十分に余裕をもってチラシを作成するよう常に心掛けている」のように使うことができます。(B) の evenly は「均等に」という意味で、evenly coated「均等にコーティングされている」のように用いられます。

---

倍数に関する表現を列挙しておきますので、音読しながらリズムでマスターしてしまいましょう。

**twice the size / number / amount / rate / speed / distance**
「2倍の大きさ / 数 / 量 / 率 / 速度 / 距離」

The item was sold at **double the** original **price**.
「元値の2倍で売れた」

We'll hire **three times** as many workers as we did last year.
「昨年の3倍も多くの作業員たちを起用する」

We'll **triple the number** of workers this year.
「今年度は作業員の数を3倍にする」

---

**訳▶** Lankavaの塗工紙は、標準的なものに比べ2倍の厚みがあるので、チラシを作成するのに向いていると考えられている。

**花田語録**

**倍数**に関する表現は**語順を大事**にしよう！

**20.** The new app monitors stock market indicators and compares them ------- historical averages.

(A) beyond

(B) against

(C) than

(D) during

 解答目標タイム 20 秒

空欄の前後で用いられている語句から伝わる
イメージをいかしてみましょう！

選択肢には前置詞が並んでいますので、空欄部分がもたらそうとしているイメージを捉えてみましょう。

すると、空欄の前に The new app monitors stock market indicators and compares them「その新しいアプリは株式市場の指標をモニタリングし、それらを比較するものだ」、後ろには historical averages「これまでの平均値」と続けていることから、空欄の前後にある要素を突き合わせて**対照**しようとしているという意図がうかがえますので、(B) の against がふさわしいとの判断に至ります。

「XをYと比較対照する」と述べたい時、**compare** X **with** Y や **compare** X **to** Y のように表現できるということをご存知の方は結構いらっしゃるかと思いますが、この **compare** X **against** Y という語法はあまり多くの辞書や文法書に掲載されていないせいか、知識の穴になってしまいがちですね。

(A) は They're beyond the average value.「それらは平均値を上回る」、(C) は They're higher than average.「それらは平均より高い」、(D) は during recent years「ここ数年間」のように使うことができます。

against には「**ぶつかり合い**」と「**向き合い**」の感覚が漂っています。

**vote against** the proposal 「提案に反対投票する」 **対抗**
**lean against** the wall 「壁にもたれかかる」 **圧迫**
**guard against** unexpected repair bills 「思いがけぬ修理代に備える」 **防御**
**compare** the figures **against** our records 「その数値を記録と照合する」 **対照**
**caution** buyers **against** relying on old data
「古いデータに頼らないようくぎを刺す」 **対象**

**訳▶** その新しいアプリでは、株式市場の指標をモニタリングし、それらをこれまでの平均値と比較対照することができる。

花田
語録

ぶつかり合ったり、向き合ったりしている時は
**against** の出番！

**21.** Each greenhouse herb is cared for ------- according to its particular needs.

(A) differently
(B) differences
(C) difference
(D) different

 花田ナビ

🕐 解答目標タイム 10 秒

受動態から能動態に戻してみるとケアレスミスに
気付けるかもしれませんよ。

いきなりですが、That's the bar Akio returns repeatedly. という文をご覧になった時に皆さんはどういう印象をお受けになりましたか。「Akio さんが足繁く通う飲み屋の話でしょ、それが何か？」と思われた方は冷静に考え直してみましょう。

Akio <u>returns to</u> the bar repeatedly.

↓

That's the bar which Akio <u>returns to</u> repeatedly.

↓

That's the bar Akio <u>returns to</u> repeatedly.

もうお気づきですね。動詞 return の後ろに戻っていく場所を明示する際は、到達のイメージをもたらす to が必要になります。つまり、"**return to 〜**"の形で「〜に戻る」という**1つの動詞のような機能**を果たしているわけですから、是非セットで使いましょうと⇐巷では句動詞とか群動詞って呼ばれたりします。

本文だって、もともと **care for** each herb という形で用いられていたものが、Each herb **is cared for** と受動態になって、空欄の後ろは前置詞 according to により補足情報がつながっている状態にあるので、空欄には直前の**動詞 is cared for を修飾する副詞**として、(A) の differently がふさわしいわけです。for だけを目にして (B) や (C) の名詞を選ばないよう要注意！

care for と同様、受動態で用いる際に注意すべき動詞を列挙します。

**look at** the contract carefully → The contract needs to **be looked at** carefully.
**take care of** this matter → This matter should **be taken care of** immediately.
**agree (up)on** the price in writing → The price was **agreed (up)on** in writing.

**訳▶** 温室栽培のハーブは、それぞれが持つ特定のニーズに合わせ、異なる方法で手入れされる。

花田
語録

**care** と **for** には**切っても切れない深い絆**がある！

**22.** Following Ms. Gupta's successful handling of the project, the client ------- her for finishing it on time despite various challenges.

(A) summoned
(B) encouraged
(C) advocated
(D) commended

花田ナビ

🕐 解答目標タイム 20 秒

文脈のみならず、語法にも目を傾けてみましょう！

空欄直後の目的語 her は冒頭に登場している Ms. Gupta のことだと認識しながら文脈をいかしても、意味的に当てはまりそうな選択肢がいくつか候補に残ってしまいますね。

ゆえに、構文上のキーワードを探してみると、空欄の後ろに her **for** finishing it on time と続いており、空欄に入る動作の**対象**や**理由**が述べられていることから、(D) の commended がふさわしいと判断します。ぜひ、commend 人 for 〜「人を〜で褒めたたえる」という語法ごとマスターしておきましょう。

残りの選択肢は以下のように用いられます。

(A) The client **summoned** her to their office.
　　「顧客は彼女をオフィスに呼び出した」

(B) The client **encouraged** her to take on another project.
　　「顧客は彼女にまた別のプロジェクトを引き受けるよう促した」

(C) She **advocates** punctuality as the key to success.
　　「彼女は時間厳守(期限を守ること)が成功の鍵であると提唱している」

commend と同様の語法を持つ動詞を列挙しておきます。

**commend/praise/applaud/admire 人 for 〜**　「人を〜で称賛する」
　└→ The CEO **praised** all the staff members **for** their great achievement.

**blame/criticize/reprimand/reproach 人 for 〜**
　　　　　　　　　　　　　　　「人を〜で非難する/批判する/叱責する」
　└→ Some people **blamed** the WHO **for** failing to react sooner to the crisis.

**訳▶** Ms. Gupta がプロジェクトを成功裏に取り仕切ったことを受け、顧客は彼女が様々な難局を乗り越えて期日通りに完了させたことを称賛した。

 花田語録

**語法**を知らずして、
その単語を知った気になるべからず!

**23.** Pending -------, the postal workers' union has agreed that its members will not go on strike before July 1.

(A) to negotiate
(B) negotiated
(C) negotiator
(D) negotiations

花田ナビ

🕐 解答目標タイム 10 秒

選択肢には同じ品詞がいくつか並んでいますね。

品詞の問題なので、構文上のヒントを模索していくのですが、お察しのとおり着眼点は文頭の Pending と直後のカンマです。

この pending、実は pendant の親戚みたいな単語で「ぶら～んとぶら下がっている」のような情景をイメージすることにより、「まだブラブラしている ⇨ 懸案事項のまま残っている ⇨ 決着がつくまでの間」という捉え方ができるようになります。もともとは分詞として生まれたのですが、結局は till や during と同じように「～まで、～の間」という意味を持つ前置詞だと位置づけられるようになったんですね（128ページご参照）。

したがいまして、空欄には Pending がつなぐ名詞が求められていると判断し、名詞の複数形として冠詞を使わずにそのまま入れることのできる (D) の negotiations「交渉」を選択します。

(C) の negotiator「交渉人」も名詞なのですが、可算名詞には冠詞もしくは s を基本的には付けるべきだと考え、不適切とみなします。(A) の to negotiate は不定詞、(B) の negotiated は動詞の過去形・過去分詞です。

pending や during と同様、分詞出身の前置詞を列挙しておきます。

| | |
|---|---|
| **starting/beginning** July 1 | 「7月1日から」 |
| **regarding/concerning** the contract | 「契約に関して」 |
| **according to** the company's policy | 「社内規定に従って」 |
| **following** negotiations | 「交渉の末」 |
| **notwithstanding** the economic downturn | 「不況であるにもかかわらず」 |
| **including/excluding** the pay raise | 「昇給の話も含めて／以外」 |
| **considering** staff morale | 「従業員のやる気も考慮して」 |

**訳** ▶ 交渉の間、郵便局員から構成される労働組合は、7月1日まで組合員がストライキへ突入しないことに同意している。

花田
語録

**-ing の形をした前置詞があってもいい。**
仲良くしていこう！

# 📇 Index

**著者 紹介**　**花田徹也**（はなだ・てつや）

神奈川県の桐蔭学園高等学校を卒業後、アメリカへ渡る。University of Southern California（USC：南カリフォルニア大学）卒業。帰国後に、三菱商事で4年間勤務したのち、英語講師の道を選ぶ。エッセンス・イングリッシュ・スクールにおいて受講生から5年以上にわたりNo.1の評価を受け続けた後、独立して新宿でTOEIC® L&R TEST特化型スクール「花田塾」を運営している。英語の本質に迫る講義、自然と頭に入る解説で多くの生徒が短期間でスコアアップを実現させている。また、英語の音に関する造詣も深く、発音やリスニングの指導も得意とする。TOEIC® L&R TESTを20年以上にわたり毎回受験しており、最新出題傾向の分析およびその対策・指導には一切手抜きをしない熱血漢。TOEIC® L&R TEST 990点。著書に『新TOEIC® TEST 文法特急2　急所アタック編』（小社）、『TOEIC® テスト 超リアル模試600問』（コスモピア）などがある。

花田塾ホームページ　https://www.hanadajuku.com/
TOEIC連続990点講師花田のブログ　https://ameblo.jp/hanadatoeic/
花田塾ツイッター　@hanadajuku

### 1駅1題 TOEIC® L&R TEST 文法特急

2021年 3 月30日　第 1 刷発行
2024年 7 月10日　第11刷発行

| | |
|---|---|
| 著　者 | 花田 徹也 |
| 発行者 | 宇都宮 健太朗 |
| 装　丁 | 川原田 良一 |
| 本文デザイン | コントヨコ |
| イラスト | cawa-j ☆かわじ |
| 印刷所 | 大日本印刷株式会社 |
| 発行所 | 朝日新聞出版 |

〒104-8011　東京都中央区築地 5-3-2
電話　03-5541-8814（編集）　03-5540-7793（販売）
© 2021 Tetsuya Hanada
Published in Japan by Asahi Shimbun Publications Inc.
ISBN 978-4-02-331933-2
定価はカバーに表示してあります。
落丁・乱丁の場合は弊社業務部（電話03-5540-7800）へご連絡ください。
送料弊社負担にてお取り替えいたします。